「心理テスト」はウソでした。

受けたみんなが馬鹿を見た

富山大学教育学部教授
村上宣寛

日経BP社

まえがき

「実は、世間で広く使われている心理テストはまったく当てにならないし、根拠もないんです」などと私が発言すると、必ず、そんなはずはないと反論されるのがオチだろう。

●血液型人間学はテレビやマスコミで取り上げられている。だから、血液型人間学は正しいにちがいない。
●心理学者が専門的な知識に基づいて心理テストを作成している。だから、心理テストは正しいにちがいない。
●心理テストのことに目くじらを立てることはない。みんな使っているのだから正しいにちがいない。

つまり、**社会的証明**という心理現象が待ち受けている。信仰は何よりも強い。私などが何を言っても無駄である。

就職、カウンセリングなどの機会に、心理テストを受ける人は年間100万人以上、もしかすると500万人程度に達するかもしれない。適性検査といっても正体は心理テスト（性格テスト）の場合が多い。ほとんどの人は神経質に考えないが、心理テストの結果によっては人生が左右されることもある。

金銭の側面から見ると、安い物は一人1000円以下だが、企業の適性検査となると、1万円近い費用が必要になる。1000人の受検者がいれば100万円~1000万円の金が動く。企業の人事部は膨大な金額を支払う必要があるし、テスト業者は膨大な金銭を手中に収める。

一方、企業側は人材の判定作業をテスト業者に外部委託しているので、テスト結果がどの程度正しいのか、真剣に考えない。責任逃れできる利点もある。もちろん、テスト業者はテストの弱点を覆い隠し、利点だけを宣伝する。かくして、膨大な金が循環し続ける。

もし、私が会社の社長なら、心理テストの性能評価を行わせるだろう。有能な社員が選別できるという証拠がない心理テストはすべて廃止する。有害無益である。これでかなり経費の節約になるだろう。もし、有能な人材が発見できるという心理テストがあれば、それを採用するだろう。優れた人材が獲得できれば、利益は数億円、数十億円に上るかもしれない。企業にとっては人材こそすべてである。

心理学者が作成した心理テストは信用できるだろうか。実は大部分は信用できない。私も心理学者の端くれだから自信を持って断言できる。何故かというと、よく当たる心理テストを作るのは、非常に難しい。心理学ではなく**心理測定**の専門的知識が必要だ。数学、統計学、コンピューター科学に通じていながら、一方で実務的な内容もよく理解している必要がある。そんな心理学者は例外だ。

本書では、まず血液型人間学を取り上げ、その証拠を探った。そして、バーナム効果という、他人を説得する原理、自らを欺く原理を説明した。取り上げた心理テストは、臨床心理士の定番のロールシャッハ・テスト、質問紙法テストのやはり定番のＹＧテスト、そして、就職の適性検査の常連の内田クレペリン検査である。いずれも非常に有名な心理テストである。何の役に立つのか、何が予測できるのかと、改めてその根拠を探した。

心理テストを正しく理解するには、心理測定の知識が必要である。読者にそれを要求するのは無理なので、最低限の統計の手法や考え方を、囲み記事の形で示しておいた。数字や統計の苦手な方は、それらを読み飛ばして、読み進んでもらっても差し支えない。ただ、論理のすり替えやインチキは、まさにその部分で行われていることに注意してもらいたい。

この本を読んで、衝撃を受ける人が多いかもしれない。真実の姿はまぶしくても、知ることによって得る利益は計り知れないはずである。おそらく、このような本が求められる時代になったということだろう。

「心理テスト」はウソでした。

―目次―

第3章 インクのシミで心を占う
――ロールシャッハ・テスト　79

第4章 定評ある性格テストは大丈夫か
――矢田部ギルフォード性格検査　139

第1章

なぜかみんなの好きなＡＢＯ

血液型人間学

卒論で血液型研究に取り組む

昔々のこと、ゼミ生の木地さんが
「先生、私、血液型の研究をしたいんですが」と言った。

「何、それ」

「あれ、先生、知らないんですか。血液型がわかれば、気質とか、対人関係とか、趣味とか、みんなわかるんです」

「マジでそんなこと信じてるの？」

「みーんな、信じてますよ。先生、何言ってるんですか」

「ふーん、そんなはずないと思うけどね。まあ、卒論のテーマにしたければ、してもいいよ。でも、何か関連論文を探してこないとね」

「じゃあ、血液型の研究にします。論文、何とか探してきます」

村上ゼミでは卒論のテーマは自由だ。たった一度の研究だし、興味のあるテーマで卒論を書いた方がやる気も出る。学生が自分でテーマを決める。研究計画も学生が考える。ただ、教育学部の学生だから、専門的能力が無いので、研究計画や分析計画は私が手伝う。私にとっても勉強のいい機会と考えた。学生がテーマを決め、私がフォローする。ギブ・アンド・テイクのルールだ。

自分でテーマも決められない学生は村上ゼミには来ない。

「血液型人間学」による研究仮説を立てる

木地さん[*1]は、能見正比古の「血液型エッセンス」（角川書店、１９８４年）から、血液型人間学の仮説を次のように文章化した。

O型は
- どちらかといえば本能のままに生きる方である。
- バイタリティがある。
- ……

A型は
- 強い現状脱皮願望と強い安定希求を持っている。
- 堅実な暮らしを望む。
- ……

＊１：木地由紀子「血液型ステレオタイプにおける一研究」富山大学教育学部、卒業論文。１９８６年。

B型は

- 興味や関心の強く向くままに生きる。
- 形式にとらわれず、自由の多い生活を望む。
- ……

AB型は

- 生活の安定と社会における役割の両方を望む。
- 合理的で機能的な生活を望む。
- ……

と60項目の質問紙を作成した。これが血液型人間学に基づいた60個の仮説である。O型の人はO型の仮説が該当する質問に「はい」と答え、他の血液型の人はそれほど「はい」とは答えないはずだ。同様に、A型の人はA型の質問に「はい」と答え、他の血液型の人はそれほど「はい」とは答えないはずだ——となるはずである。

調査対象者はO型40名、A型32名、B型31名、AB型33名の計136名だった。各血液型の人数は似通っていた。[*2]

統計は、カイ自乗検定を使った（16ページの囲みを参照）。これは、「血液型ごとの『はい』の回答数はすべて同じである」という仮説（帰無仮説）をあらかじめ立てておいて、カイ自乗値を計算する。カイ自乗値の理論確率はわかっているので、計算された値の確率が５％以下であれば、帰無仮説を否定する。仮定が間違っていた↓「同じではなかった」「意味のある違いがあった」という手法である。

結果は、予想していた通りだった。帰無仮説が否定されたのはたったの３項目だった。カイ自乗検定では比率ではなく人数を分析するが、わかりやすいので、表１・１に比率で示しておこう。

これはＯ型とＡ型、Ｏ型とＢ型、……の間で「はい」と答えた人数にすべて意味のある違いがあったというわけではない。どれか、一つか二つは違うという意味である。カイ自乗検定では、どの組み合わせに違いがあったかは指摘できない。

ところで、統計的に違いがあると判定された３項目にしても、血液型人間学によれば、「感激屋だが、……」はＯ型の特徴なので本来「はい」と答える人数が多いはずである。しかし、ＡＢ型が高い。同様に「天気屋……」はＢ型の人数が多いはずだが、実際はＡＢ型が多い。また「形

＊２：日本人の献血者４４６万５３４９名の全国資料によると、Ｏ型29％、Ａ型39％、Ｂ型22％、ＡＢ型10％の比率である（Fujita, Y. & Tanimura, K. The distribution of the ABO blood groups in Japan. *Japanese Journal of Human Genetics*, 1978, 23, 63-109.）木地さんの被験者はＡＢ型が多過ぎるので、日本人全体の良いサンプルではないが、大体の傾向はつかめる。

式や習慣に……」はB型の人数が多いはずだが、事実はO型が多い。つまり、血液型人間学の仮説は一つも支持されなかった。

みんなが同じように答える質問

卒論をまとめていた当時は気づかなかったが、各血液型で肯定率（あるいは否定率）が7割を超えた質問がかなりあった。

- 集中力は目的の有無によってムラがある。
- 現実的な面とロマンチックな面をもっている。
- 思い出を大切にする。
- 堅実な暮らしを望む。
- 社会の秩序やルールを尊重する。
- ……

表1・1　血液型で意味（有意差）のあった質問項目

各血液型の「はい」の回答数はすべてが同じではないという結論。ただし、どの血液型同士の違いに意味があるかまではわからない。

有意だった質問項目	「はい」の%				
	O型	A型	B型	AB型	カイ自乗値
感激屋だが、感情は後に引かない方である	67.5	28.1	48.4	72.7	16.6**
天気屋である	55.0	65.6	74.2	78.8	20.6**
形式や習慣にはそうこだわらない	67.5	34.4	58.1	57.6	8.2*

誰でも集中力にはムラがあるし、現実的な面とロマンチックな面をもっている。思い出を大切にしない人はいない。そして堅実な暮らしを望んでいる……。こんなことを聞いても、個人差や性格は明らかにならない。

性格テストを作る場合、こういう質問は真っ先に削除の対象になる。情報量がほとんどないからである。一般的には、「はい」や「いいえ」の回答率は７割以下でないといけない。能見の血液型人間学には、こういう誰にでも当てはまる表現がかなりある。

さてさて困った

ここではカイ自乗検定を60個の仮説に繰り返した。１回の検定は５％以下の危険率（いわば〝外れ率〟）だが、60回もやれば５％＋５％＋……＋５％＝３００％以下の危険率になってしまう。これでは60項目のうち３項目くらい、有意になってもちっとも不思議ではない。血液型人間学が実証される見込みはますますゼロである。

この結果を見て木地さんの顔色が変わった。

「せんせーい、私、どうしたらいいんですか。関係なんて何もないですよ」

「どうしたらって、何もないんだからしょうがないだろ。予想通りなんだから」

「何もないと書けません」

「何もなかったときちんと書けばいいんだよ。調査はそんなものだ。ちゃんと書けば卒業させてやるよ」

私は血液型人間学の実証は見込みがないと判断した。その後、このテーマで卒論を書く学生はいなくなった。学生名簿の血液型の記載欄もいつの間にか消えてしまった。

さらに理屈の好きな方は——

■統計的検定とは

統計学では、ある命題を証明するためにそれと反対の命題をわざわざ立てて、それを数学的に否定する。この否定される命題を**帰無仮説**という。手続きの関係で、命題を肯定するより否定する方が易しいからである。

例えば、カイ自乗検定では「血液型ごとの『はい』の回答数はすべて同じである」という帰無仮説を立てる。そして、

χ《カイ》$^2 = \dfrac{\Sigma(\text{観測度数} - \text{期待度数})^2}{\text{期待度数}}$

を計算する。期待度数は理論的に期待される度数、観測度数は現実の調査結果の度数である。Σ《シグマ》はさまざまな場合を合計するという意味である。観測度数と期待度数が同じなら、カ

イ自乗値はゼロになる。

観測度数が期待度数の分布と同じなら、計算した値はカイ自乗分布をする。この分布は数学的にわかっているので、算出したカイ自乗値がどの程度の偶然確率で現れるのかがわかる。5％以下なら滅多に観察されないので、当初立てた帰無仮説の方が間違っていると推論する。こういう結論を下して間違う確率は5％以下であるので、**危険率**が5％以下で統計的に**有意**であるという。

危険率は5％と1％の場合を取り上げ、それぞれアステリスクで＊、＊＊とカイ自乗値の右に表記する慣例がある。この％のことを**有意水準**と呼ぶ。

カイ自乗値が有意だと「血液型ごとの『はい』の回答数はすべて同じである」という帰無仮説が否定される。しかし、O型の「はい」の回答数、A型の「はい」の回答数、B型の「はい」の回答数、AB型の「はい」の回答数がすべてに意味のある違いがあるというわけではない。「血液型ごとの『はい』の回答数はいずれか一つには意味のある違いがある」ということである。

カイ自乗検定の欠点は、結果がサンプル数に左右されやすく、1000名程度の大集団で調査をすると、有意になりやすいことである。

衣替えしたニュー・バージョン登場

木地さんの卒論から20年近く経過した。心理学者も血液型人間学をまともに取り上げなくなった。研究テーマとしては、社会心理学的な流行現象や偏見の成立過程として取り上げる場合がほとんどである。

能見正比古は亡くなったが、息子の能見俊賢が血液型人間学を引き継いだ。同じ内容で啓蒙書を執筆し、〝布教〟に励んでいる。出版社やマスコミも迎合していて、反省の色もない。20年前の父親の血液型人間学と基本的に同じである。ただ、少しだけバリエーションが加わった。

各血液型に四つのタイプ？

最近の血液型人間学を能見俊賢「『血液型』怖いくらい性格がわかる本」（三笠書房、2001年）とホームページ「ABO　WORLD」[*3]からまとめてみよう。能見正比古「血液型エッセンス」（角川書店、1984年）では気質は4種類しかなかったが、いつの間にか、それぞれの血液型ごとに四つのタイプがあるそうだ。

O型　一般的には、情緒が安定していると見られる。プレッシャーがある限界を超えると、突然メロメロになってしまうことが多い。
パワフルな人　出世街道を突っ走る人間ダンプカーのような人。
頑張る人　小さなことからコツコツと目標へ向かって邁進する人。
この道一筋の人　誰が何と言おうと自分の主張は絶対に曲げない人。
温かい人　感傷的なロマンチストだけどどこか憎めない人。

A型　A型の人は比較的心配性の人が多いので、プレッシャーが高まるにつれ、情緒の波は大きくなる。
陽気な人　ハイセンスで社交的な華麗なる八方美人。
耐え抜く人　世のため人のため、とにかく我慢を重ねる人。
生き方を貫く人　熱い情熱を胸に、「クールさ」を追求する人。
やさしい人　常に人より一歩下がって歩く奥ゆかしい人。

B型　気分屋の人が多いので、一般に感情は揺れ動く。その波は環境影響とはあまり関係なくある程度一定。

＊３：http://www.abo-world.co.jp/

天真爛漫な人　もう誰にも止められない！　破天荒な爆弾娘。
熱中する人　飄々としたキャラクター、でも意外なこだわりを持つ人。
好奇心の人　一見無愛想でも、実はちょっぴり照れ屋なニヒリスト。
人情・任侠の人　三度のメシより義理人情が大好きな感激屋。

ＡＢ型　環境に左右されない、極めて冷静で非常に安定している面と、不安定を超え突発的に乱れる面の二つの面を持っている。
有能な人　非の打ち所のないのが欠点にもなるマルチ人間。
正義と奉仕の人　曲がったことは大嫌いの天下のご意見番。
神秘の人　いつも宇宙人と交信中!?　の謎めいた人。
メルヘンな人　理想と現実の区別があいまいな夢見る少女。

四つの基本気質にも、さらに四つのタイプがあると言うが、根拠はまったく掲載されていない。四つの基本気質だけで、性格のバリエーションを説明できないので、それぞれを任意に四つに区分してタイプを作ったのだと思う。

どっちに転んでも「血液型度チェック」は大丈夫

能見俊賢は「血液型度」をチェックする20の質問を掲載している。これに答えればどういう性格かわかるそうだ。残念ながら、四つの基本的気質の、どのタイプに該当するか、調べる方法はない。自分でそれらしいものを探して満足すればよいということだろう。

私の場合、血液型度をチェックすると、O型が2点、A型が1点、B型が3点、AB型が1点であった。B型度が60%である。チェックによると私の血液型度はB型だった。しかし、私の血液型はA型である。能見俊賢なら、私は血液型はA型だが、環境の影響でB型の性格になってしまった、というだろう。「ABO WORLD」には、「これは、あくまでも遊びですので、当たるとはかぎりません！」と書いてある。本当に当たらない。

自分の血液型度が一番高かった人（60%以上）には「キミは素直な人、その調子で血液型にある欠点を無理に隠すよりも、いいところをどんどん伸ばそう」とある。一方で、私のように自分以外の血液型度が高かった人には「キミは、自分を意外に知らないのかもしれない。ただ、育った環境の強い影響や、自分自身を変える訓練をしていると、自分の度数が少なくなってしまうこともあると思うよ」だそうだ。

能見俊賢の論理はおかしい。血液型度チェックで「あくまで遊びです」と断っていながら、当たっていれば「キミは素直な人」、当たらなければ「自分を意外に知らない」という。当たった場合は、答える人が素直な人、当たらない場合は、自分を知らない人。どちらに転んでも血液型度チェックは絶対に正しい。

血液型人間学を検証する

能見俊賢の「……の人」を省略すれば「性格チェックリスト」として実施できそうである。ただ、人情・任侠の人、正義と奉仕の人、神秘の人、メルヘンな人は、言葉が特殊で、「はい」と答えにくいので、同じ場所に掲載されていた別の言葉に変更した。

学生には、言葉が自分にだいたい当てはまると思った場合は「はい」、自分にだいたい当てはまらないと思った場合は「いいえ」と回答してもらった。もちろん、いくつ「はい」と答えてもいい。

自分のことは自分である程度はわかる。自己記入式質問紙の前提である。だから、血液型人間学が正しければ、血液型がO型の人は、O型性格の形容詞が自分に当てはまると答えるはずである。

最初に血液型人間学の調査とわかると、結果がゆがんでしまうので、調査終了後に口頭で、わかっている人のみ自分の血液型を記入させた。自分の血液型を知らない人のデータは省いた。

被験者は大学生で、O型90名、A型125名、B型83名、AB型39名の計337名であった。日本人全体の血液型分布とほとんど同じだった。

血液型・性格チェックリストの分析

結果を表1・2にまとめておいた。O型の人は、パワフルな人、頑張る人、この道一筋の人、温かい人、A型の人は、……という、血液型人間学の仮説である。仮説が正しければ、O型の人はO型性格の形容詞に「はい」と回答するだろう。同様に、A型の人はA型性格の形容詞に「はい」と答えるだろう——集計すれば、血液型人間学が正しいのか、はっきりわかるはずだ。

それぞれの形容詞ごとにカイ自乗検定を行うと、「まじめな」が1％の危険率で有意だった。つまり、この

表1・2　血液型ごとの「はい」の回答率

カイ自乗検定は回答数に対して行った。「O型、A型、B型、AB型の回答数がすべて等しい（四つの区分けに意味がない）」という帰無仮説が否定できたのは「まじめな」だけである。

質問項目		血液型別の「はい」の%			
		O型	A型	B型	AB型
O型性格	パワフルな	35.6	37.6	45.8	56.4
	頑張る	73.3	70.4	66.3	76.9
	この道一筋の	30.0	27.2	28.9	33.3
	温かい	65.6	63.2	56.6	56.4
A型性格	陽気な	66.7	64.8	72.3	74.4
	耐え抜く	60.0	57.6	55.4	48.7
	生き方を貫く	40.0	31.2	34.9	41.0
	やさしい	62.6	60.8	62.7	69.2
B型性格	天真爛漫な	48.9	36.8	45.8	43.6
	熱中する	76.7	69.6	67.5	71.8
	好奇心のある	86.7	74.4	83.1	82.1
	人情のある	77.8	75.2	62.7	76.2
AB型性格	有能な	23.3	19.2	20.5	23.1
	まじめな	63.3	69.6	47.0	64.1 **
	謎めいた	44.4	28.8	38.6	46.2
	夢見る	73.3	72.8	66.3	71.8

質問項目に関しては、「はい」の回答数はO型、A型、B型、AB型ですべて同じではない。では、どれとどれが違うのか。それぞれの組み合わせごとにカイ自乗検定をする方法もあるが、検定の多重性という問題が持ち上がる。おみくじを何度も引けば当たる確率が増えるのは当たり前だ。

全体としてこの危険率を調整して検定する方法が多重比較法である[*4]。そのひとつホルム法で、「はい」を1点、「いいえ」をマイナス1点として平均値を基に、すべての組み合わせを比較した。すると「まじめな」でO型の人とB型が1%水準で有意だった。つまり、O型の「はい」の%がB型より（有意に）大きかった。A型は69・6%で、O型より大きいので、B型の47・0%と差がありそうだが、検定の結果は違っていた。

血液型人間学によると「まじめな」はAB型の特徴である。調査結果ではO型の特徴となった。つまり、血液型人間学の仮説は支持されない。

なお、「はい」の回答数が7割前後の形容詞は、頑張る、陽気な、熱中する、好奇心のある、人情のある、夢見る、であった。どの血液型でも7割前後の人が「はい」と答えるので、性格記述用語としては不適切な形容詞である。

＊4：永田靖・吉田道弘「統計的多重比較法の基礎」サイエンティスト社、1997年。

松井の大規模研究

松井[*5]は、1980年、1982年、1986年、1988年と4回にわたってJNNデータバンク[*6]の協力で、血液型と性格の関連性を分析した。JNNデータバンクでは、全国都市部居住の13~59歳の男女を対象に、ランダム・サンプリング（無作為抽出）して、意識調査を実施していた。その調査に血液型と性格の質問項目を含めた。各年の調査対象者は約3100名で、4年分計1万2418名の

表1・3　血液型と性格の関連性を分析した松井の4回の意識調査

調査の度に有意になったり、ならなかったりと一貫性が見られない。

質問内容	1980年	1982年	1986年	1988年
1. 誰とでも気軽につきあう			*	
2. 目標を決めて努力する				
3. 先頭に立つのが好き				
4. 物事にこだわらない	**	*	**	**
5. 気晴らしの仕方を知らない			**	
6. ものごとにけじめをつける		*		
7. 冗談を言いよく人を笑わす		*		
8. 言い出したら後へ引かない				
9. 人に言われたことを長く気にかけない				
10. 友達は多い				
11. くよくよ心配する				*
12. 空想にふける				
13. 人づきあいが苦手				
14. 家にお客を呼びパーティをするのが好き	**			
15. 何かをするときは準備して慎重にやる				*
16. よくほろりとする				
17. 気がかわりやすい				*
18. あきらめがよい				
19. しんぼう強い	*			
20. うれしくなるとついはしゃいでしまう			*	
21. 引っ込み思案				
22. がまん強いが時には爆発する				
23. 話をするよりだまって考え込む				
24. 人を訪問するのにてぶらではかっこうが悪い				

* $p<.05$　** $p<.01$

データが分析されている。これだけの人数をきちんとサンプリングした訳だから、日本人全体の代表とみなせる。

血液型と性格に関する調査項目を表1・3に示す。4回の調査結果をカイ自乗検定で分析すると、それぞれの分析で、3〜4項目が5％以下の危険率で有意であった。5％水準の検定を24回やった訳だから5×24＝120％となる。前に述べたように1項目くらい有意になっても不思議ではない。

表には有意を示すアステリスク（＊）がたくさん付いている。カイ自乗検定は分析対象者が1000名を超えると、有意になりやすい。この場合、各年度が約3100名だからこれくらい有意の項目は出る。ただし、4回の分析で一貫して有意だったのは「物事にこだわらない」だけだった。その項目の「はい」と回答した％を表1・4に示す。血液型人間学によると、物事にこだわらないのはB型の特徴のはずである。B型は1980年と1988年に％が高かった。したがって、この点では仮説は支持された。しかし、1982年はO型、1986年はAB型が高かった。この点では仮説は支持されなかった。つまり、一貫

表1・4　「物事にこだわらない」に「はい」と回答した％

血液型人間学の仮説は1980年と1988年では支持されたが、1982年と1986年では否定された。

	O型	A型	B型	AB型
1980年	31.8	30.6	37.8	34.3
1982年	39.1	33.0	35.6	36.1
1986年	39.5	32.4	38.8	39.9
1988年	42.9	35.9	45.1	37.1

した結果が得られないので、血液型人間学が主張する血液型と性格の関係はやはり確認できない。

さらに理屈の好きな方は――

■予測力とは

血液型と性格が関係するとすれば、どの程度の予測力があるかわからなければ利用価値はない。項目4「物事にこだわらない」に限定し、血液型をB型と、その他の2種類に分けて、連関係数（相関係数とほぼ同じ、二つのものの関係の程度を表す指標）を計算すると、0・082〜0・148の間であった。平均で0・1とすると影響力は相関の二乗なので1％である。次ページ図1・1は「B型」と「物事にこだわらない」が0・1の相関関係があった場合の模式図である。「物事にこだわらない」程度が偏差値で表されているとして、横軸の値から縦軸の値が予測できるだろうか。予測力が1％では何の意味もないことがわかる。[*7]

＊5：松井豊「血液型による性格の相違に関する統計的検討」東京都立立川短期大学紀要、1991、24、51〜54。
＊6：TBSをキー局とする全国28社のテレビ局（JNN系列）が、毎年共同で行っている総合ライフスタイル調査のこと。
＊7：統計学では決定係数と呼ばれている。予測値の当てはまりの良さを示す指標で、予測値と観測値の相関の二乗と一致する。

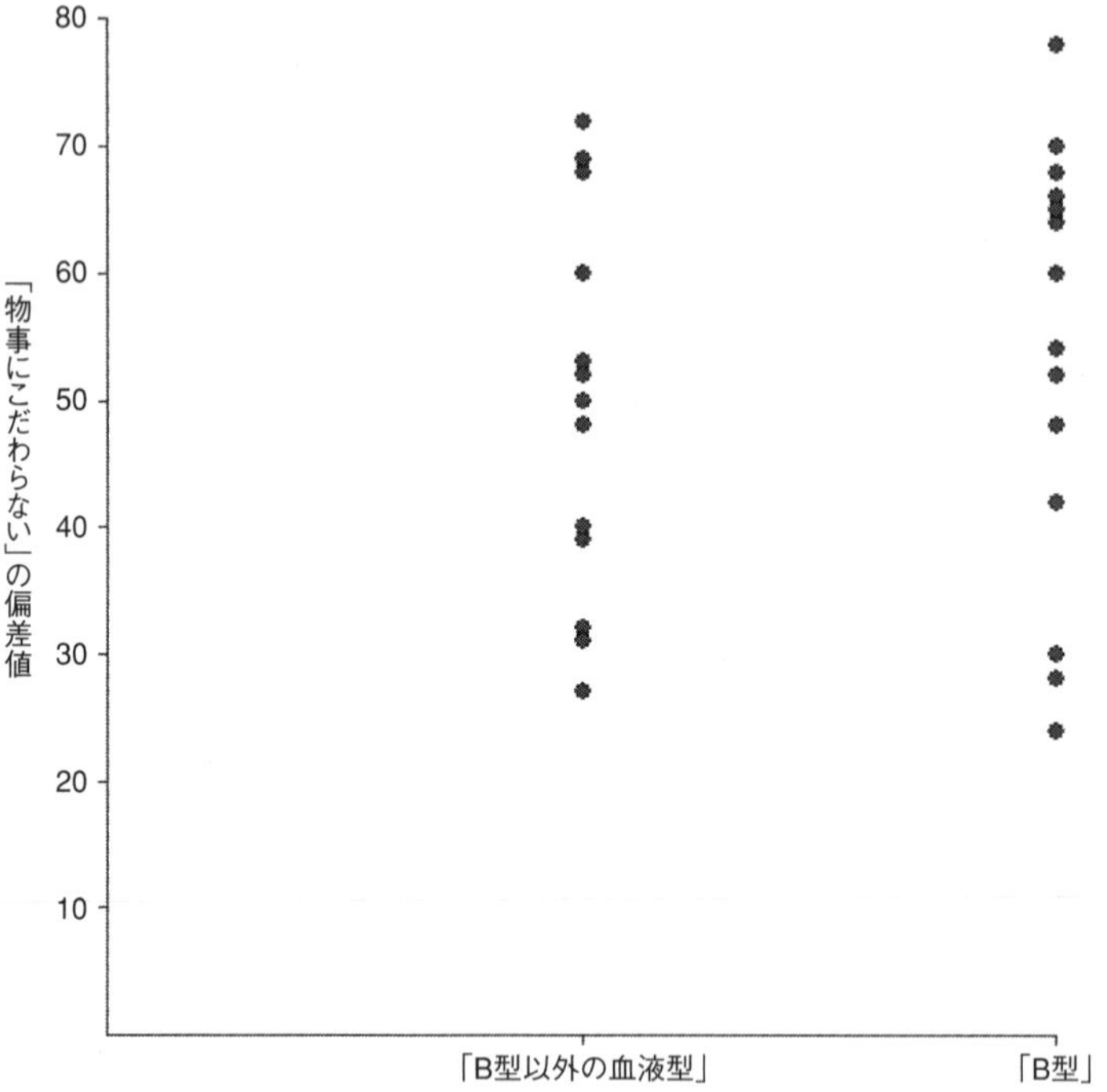

0.1の相関関係があった場合の散布図（2者の関係を平面上にプロットした図）。B型の人の「物事にこだわらない」得点をドットで表し、さらに、それ以外の血液型の人の得点もドットで表したもの。B型であれば、「物事にこだわらない」と図から判断できるだろうか。

図1・1　「B型」と「物事にこだわらない」の関係

血液型人間学のルーツを探る

古川の血液型気質相関説

血液型の発見は20世紀初頭の画期的な出来事だった。ヨーロッパにも血液が生命の源であり、血液の性質が人間の性質に関係するという信仰はあったが、ＡＢＯ式血液型と性格とを結びつけたのは、日本の医者たちだった。その中で、最も大きな影響を与えたのは古川竹二の研究である。古川はもともと教育学者で、教育史や女子教育の研究をした。親戚に医者が多かったため、生理学や心理学に興味をもっていた。最初の血液型の論文[*8]「血液型による気質の研究」は、１９２７年の心理学研究に発表された。だから、古川を教育心理学者としておこう。

　血液が生理上重大なる役目を演じていることは何人にも考えられる所である。この重大なる人体の要素たる血液に種々の相違があるとすれば、したがって各人の心理的相違と何らかの因果関係がありはしないであろうか、と考え、吾人はまず血液四型と気質との関係

＊８：古川竹二「血液型による気質の研究」心理学研究、１９２７、６１２―６３４。

を研究し、興味ある結果を得たので、……

と、古川は自分の発想を説明している。つまり、血液が生理学的に重要だから気質にも関係するはずだと考えた。そして、自分の血族11名の観察から

●O型は積極的、進取的
●A型は消極的、保守的
●B型は積極的、進取的
●AB型は血族にいなかったので不明

という仮説を立てた。東京女子高等師範学校や臨時教員養成所の生徒269名に、自分が積極的か、消極的かを判断させた。古川はO型とB型が積極的、A型とAB型が消極的となると考えた。血液型の検査をした243名では、血液型と気質の一致率は、積極的で81・7%、消極的で79・5%という驚異的な結果であった。

古川学説の頂点は、「血液型と気質」（三省堂、1932年）の刊行だろう。本の内容は3部構成である。前編は血液型の生理学関係、中編は団体気質、民族と血液型など、後編は教育への応用である。中編の内容を個条書きで紹介しておこう。

●女子高等師範の入試の旧制度と新制度を比べると、O型が増加し、A型が減少した。旧制度206名、新制度126名の調査。新制度で遠距離受験になったので勇気と自信が必要になり、積極的なO型が増加し、A型が減少したからである。
●陸軍大学校出身の将校34名中にはO型が多い。O型は意志が強く、積極的な人が多いからである。
●実業家にはB型とO型が多い。実業界は派手で、活動的で、社交的なB型と、積極的で、意志の強いO型が必要だからである。21名の調査。
●小学校の教員にはA型が多い。
●自殺者にはA型が多い。12名の調査。
●売血志願者にはO型が多い。O型は勇気があるからである。18名の調査。
●志願兵にはO型が多い。O型は勇気があるからである。
●犯罪者にはO型が多い。O型は勇気があるからである。

古川学説の引用はこの程度にしておこう。あまりにも情けない。これでも学者かと疑う。血液型の比率を目分量で判断したものだ。統計的分析を行うと有意差はない。血液型と気質の関連性について、思い込みが強く、わずかなパーセントでも違いがあると、つじつま合わせの説明をしてしまう。

1933年の日本法医学会総会で、古川学説は正式に否定される。[*9]
この否定された古川学説を焼き直して大衆書を執筆し、血液型人間学として蘇らせたのが能見正比古である。

血液型人間学のウソ

血液型人間学による例証

能見正比古の主張を「血液型エッセンス」から簡単に引用しておこう。

● O型は、その政治好きが日常でも目立つし、仲間づくりは熱心で、権力への関心は一番高い。またAB型の社会人は、人間関係のパイプ役を得意とする人が実に多い。そして、政治は人間関係の世界である。

● プロ野球はハッキリO型が多い。勝負師性がこうした職業を選ばせるだけでなく、球を追う、とらえるといった行動がO型気質に合うようで、球技全般、O型の少ない種目はない。

●マラソンでA型がO型の2倍以上、ジャンプでは逆にO型がA型に10％以上差をつける。なかで純粋な跳躍競技とされる三段跳びでは、O型は実に53％に達し、……A型がマラソン的な耐久性に富み、O型が一発勝負師的な気質と集中力を備えていることは、その日常性からもみてとれる。

●アッと驚くＡＢ型の漫才。呆れかえるＡＢ型の多さである……。漫才タレントのＡＢ型は、パーセンテージだけではこれまでの記録を破ったのである。

１９７８年の衆議院議員の血液型の分布を分析し、能見正比古は、O型が37・6％で多いのに驚き、ＡＢ型もかなりの伸びを示していると言う。確かに、日本人の平均O型29％、A型39％、B型22％、ＡＢ型10％で、期待値を計算してカイ自乗値を計算すると、３１・１３となり、１％以下の危険率で分布が一様であるという仮説が否定される。確かに、政治家の血液型分布はゆがんでいて、O型が多いと言える。では、血液型人間学は正しいのだろうか。

＊９：溝口元「昭和初頭の『血液型気質相関説』論争―古川学説の凋落過程」詫摩武俊・佐藤達哉（編）「現代のエスプリ。血液型と性格：その史的展開と現在の問題点」67―76。至文堂、１９９４年。また、戦前の血液型と性格の研究については、大村政男「新訂　血液型と性格」福村出版、１９９８年が詳しい。

草野の反証――政治家にも運動選手にも特徴なし

草野直樹の「血液型性格判断のウソ・ホント」（かもがわ出版、２００１年）の中に、政治家の血液型分布を衆議院と参議院で調査した結果がある。それを表１・５に示しておく。不明30名は除外した。日本人の期待度数を求めてカイ自乗検定をすると１・７４、２・９９となり、いずれも有意でなかった。

１９７８年の衆議院議員ではO型が多かったが、２０００年の衆議院と参議院議員では、血液型分布は日本人の平均的分布と変わらなかった。１９７８年の衆議院議員では血液型分布が偏っていたという、ただそれだけのことだ。

プロ野球選手の血液型は、１９９４年ではO型が多いという特徴はなかったし、２００１年ではO型がハッキリと少なかった。Jリーグのプロのサッカー選手では、１９９４年も２００１年も、これという特徴はなかった。能見は球技全般でO型の少ない種目はないというが、事実は違う。その他、マラソン選手やタレント関係の血液型分布も日本人の平均的分布と違いはない。

このタイプの研究はキリがない。血液型人間学を一般大衆にわかりやすく訴えるだけの手段である。実は、基本的にすべて無意味である。

なぜ、無意味かというと、政治家や野球選手やマラソン選手など、特定のサンプル集団が日本人の平均的な血液型分布と違っていても、血液型以外にさまざまな要因がある。これらの要因の影響力を取り除いて、血液型の要因だけを取り出さないと、血液型人間学の仮説を証明することにはならないからだ。

お粗末な統計理解

「血液型エッセンス」から能見正比古の主張をもう一度引用してみよう。

実をいうと、この証明のためには、統計値は三つも四つもいらない。一つあればいいのである。血液型が、ある一つの分野だけで、人間性と深く関係し、他の分野ではまったく無関係……などというバカげたことは、理論上、ありうるはずはないからだ。

逆に、血液型と人間性の関係を否定しようとしたら、これは大ごとである。

表1・5　政治家と運動選手の血液型分布

どちらも血液型とのはっきりした関係は見られない。(　)内は%

	O型	A型	B型	AB型	計
1978年の衆議院議員(%)	155(37.6)	122(29.6)	75(18.2)	60(14.6)	412
期待値	119.5	160.7	90.6	41.2	
2000年の衆議院議員(%)	131(29.1)	164(36.4)	104(23.1)	51(11.3)	450
期待値	130.5	175.5	99	45	
2000年の参議院議員(%)	69(31.1)	81(36.5)	44(19.8)	28(12.6)	222
期待値	67.3	90.5	51.0	23.2	
1994年の野球選手(%)	239(31.5)	298(39.3)	158(20.8)	63(8.3)	758
2001年の野球選手(%)	218(29.9)	275(37.7)	173(23.7)	63(8.6)	729
1994年のJリーグプロ選手(%)	140(32.1)	152(34.9)	110(25.2)	34(7.8)	436
2001年のJリーグプロ選手(%)	147(30.5)	200(41.5)	99(20.5)	36(7.5)	482

これらの統計と同じ厳密性を持ち、そして正反対の傾向の血液型分布を示す統計値を持ってこなければならない。
仮に、それが成功したとする。だが、一つの統計資料をツブしただけでは、だめなのである。血液型と人間性の関係の存在を示す、すべての統計を、一つのこらず、ツブさなければ、否定することにはならないのだ。
統計値は一つあればよいというのは、まともな論理ではない。岡山大学の長谷川[*10]の批判を引用しておこう。

能見氏の論法でいけば、サイコロを10回を一試行として何度も振り続け、統計的有意差がはじき出されるような試行（10回続けて偶数になったというような試行）をたった一事例でも観測すれば、そのサイコロはイカサマであるということになる。一方、そのサイコロがイカサマでないと主張するためには、人類の誕生から滅亡までサイコロを振り続け、あらゆる試行で有意差なしということを示してもまだ不十分だということになってしまう。

長谷川の批判が正しい。そもそも統計的検定の5％とか1％という有意水準は、ただ一度の調査結果や実験結果を分析することが前提である。何度も調査して、有意の結果だけを報告するのはルール違反だ。単純計算では、1％水準で100回調査すると、有意になる確率は100％である。

血液型人間学のデータの出所

そもそも血液型人間学の基となったデータはどのようにして集められたのか。

能見俊賢は、父親の能見正比古の血液型人間学のデータの収集法を次のように説明している。*11

当初は、一番手っ取り早く、『血液型でわかる相性』の読者アンケート。普通の読者カードの返りとは較べ物にならないぐらいスゴく返って来るわけです。そういう読者だから、次の情報を欲しがっていることもあって、こちらがアンケートを頼んでも、自分だけじゃなく家族や友達まで調べて……ある人は、アンケート用紙をコピーして、百枚ぐらい集めてくれたんですよ。そんな大変な協力に支えられて、トータルで2万枚ぐらい集まって。

読者アンケートは、血液型人間学に興味を持ち、知識を吸収し、共感を覚えた人達だけが返送

*10：長谷川芳典「目分量統計の心理と血液型人間『学』」。詫摩武俊・佐藤達哉（編）「現代のエスプリ。血液型と性格：その史的展開と現在の問題点」121―129。至文堂、1994年。

*11：大西赤人「『血液型』の迷路」朝日新聞社、1986年。

する。しかし、興味のない人は返送しない。だからアンケートには最初から大きなバイアスが入っている。このようなデータにカイ自乗検定という統計法を使うのは間違いである。

調査ではサンプリングが大事である。母集団（日本人全体、あるいは、人類全体）の性質をできるだけよく代表するようにサンプルを選ぶ。それがランダム・サンプリングである。ランダム・サンプリングであれば、数万人も集める必要はない。2、300人あれば十分だ。

統計学はすべてランダム・サンプリング（無作為抽出）されたデータを前提としている。この前提が満たされないと統計学を使っても意味がない。能見正比古の統計的検定はトリックにすぎない。しかも、彼が集めたという大量のデータはどこにも公表されていない。

データをゆがめる〝知識の汚染〟

適切な母集団を選ぶ重要性を示すために、ちょっと話題を変えよう。占星術では生まれた時の星座の位置で性格がわかるという。星座は牡羊座から始まって、ギリシャ時代の四元素の、火、土、風、水と順番に結びついている。土と関係する星座（牡牛座、乙女座、山羊座）の人は、実際的で、情緒が安定していると言われ、水に関係する星座（蟹座、蠍座、魚座）の人は、情緒的で直感的であるという。

イギリスの心理学者アイゼンクとナイアスの「占星術—科学か迷信か？」（誠信書房、1986年）によると、1978年にメイオウらが2324名に及ぶ大規模な調査研究を行ったところ、外向性については占星術の予測が一致していた。情緒安定性は牡羊座の人が高得点であったことを除くと他は一致していた。もちろん、得点差は小さかったが、サンプル数が多いので統計的に意味のある差であった。これは占星術をはっきりと支持する証拠だろうか。しかも、メイオウたちの研究は追試の結果も支持された。

しかし、調査対象者には占星術の知識のある人が含まれていた。占星術を知っている人なら、どう答えればよいか予測できたはずだ。このような知識による汚染を防ぐには、占星術の知識がほとんどない子供を調査対象者にすればよい。

アイゼンクは１１６０名の子供を調査対象に選んだ。客観的な性格テストで子供の性格得点を入手し、学校の記録から誕生日を得た。そして、星座と外向性、星座と情緒性との関係を調べた。その結果、奇数番目の星座の下に生まれた子供の外向性得点の平均は15・27、偶数番目の星座の場合は平均15・24であった。また、水に関係する星座（蟹座、蠍座、魚座）の子供の情緒性得点の平均は９・６４、その他の星座の場合では平均９・６９だった。さらに土に関係する星座（牡牛座、乙女座、山羊座）の子供の情緒性得点の平均は９・６３、他の星座では平均９・６９だった。すべての平均値に統計的な有意差はなかった。結局、星座と性格との関係は否定された。

血液型人間学の場合でも、調査対象者が血液型人間学の予想を知っている場合、調査対象者は予想に沿った方向で回答してしまう。これは大昔の古川学説の時代から指摘されていた。このような知識による汚染がない調査対象者で、研究をすべきである。

この現象は心理学の**実験者効果**とよく似ていて、被検者が実験者の期待に沿って行動する傾向のことである。筆者が22ページに示した血液型チェックリストを調査した時は、性格チェックリストとして実施してから、最後に口頭で自分の血液型を書くように指示した。あらかじめ血液型関係の調査だと気づかれないようにして、知識による汚染を防いだつもりである。

後を絶たない便乗する人々

悪質なマスコミ、企業

インターネットを調べると、関西テレビ系「発掘！　あるある大事典2」では、2004年4月4日に『春の芸能人血液型SP』として血液型人間学の特集をしたようだ。血液型ごとに少数の人を取り上げ、面白おかしく番組にしたものだ。視聴率稼ぎのための特集である。マスコミ関係者が血液型人間学が間違っていることを知らないはずがない。二昔前に、テレビでさんざん血液型人間学の特集をしたはずだ。

1985年に発行された、森本毅郎の「TBS日曜ゴールデン特版」（日本実業出版社）という本を見ると、当時、血液型人間学が正しいか、真面目に検証したことがわかる。古川学説も取り上げ、それが否定された経過も載っている。能見の血液型人間学は、その枯れ木に複雑な飾りを付けただけと書いてある。マスコミ関係者がこの本を知らないわけがないだろう。知っていて、インチキ特集を組むのだから、罪は大きい。ないものを「あるある」では、石器ねつ造事件といい勝負ではないか。

この本を見ると、当時、とんでもない人権侵害が平然と行われていたことがわかる。例えば、ミサワホームエンジニアリングでは、社長以下全社員が、胸に氏名・出身県・趣味・血液型を書いたバッジを付けていたそうだ。営業の時に話題作りになるという。ここまでは良い。しかし、斗光博社長（当時）の言葉はちょっと？である。

例えば営業関係はB型、ということはありますね。同様に経理関係はA型。現場の管理者にもA型とか。A型は完全主義者というか、物事を中途半端にしませんから。B型のほうは社交家の面があるから、営業の成績を実際に上げてきたという事実もありますから。だから面接の時には、血液型をきいてどの方面にむいているか、判断の参考にしています。

要するに、本人の適性を考慮せず、血液型で人事をやる会社だ。B型が営業の実績を上げたというが、社長が一握りの営業担当者を観察して、そう思い込んだ結果だろう。私のゼミ生が内定しても、差別を受けるからやめておけと忠告せざるを得ない。

懲りない教育関係者

同じく森本毅郎の「TBS日曜ゴールデン特版」から引用しておこう。京都の西陣保育園では、園児たちのシャツの肩から胸にかけて、赤と青の3筋のシマがあって、それぞれにA、B、Oとローマ字で書かれている。Aのシマが赤ならA型、Bのシマが赤ならB型、Oのシマが赤ならO型、AとBのシマが赤ならAB型だそうだ。石崎光教園長（当時）によると、

血液型を取り入れてから、保母さんたちも子供たちのことが今までより、よく見えるようになったというし、教育的効果はあると思う。

ということだ。そして、O型の子は頭から押さえつけるような叱り方をしない方がよいとか、A型の子なら陰に呼んでそっとたしなめてやるという感じで叱るとよいそうだ。

血液型と性格の関係も実証されていないし、血液型と教育法や叱り方との関係も研究されていない。それに教育的効果があったという根拠はどこにあるのか。

血液型を取り入れて子供がよく見えるようになったはずがない。保母さんたちには最初から最後まで子供など見えていないのだ。どうして一人ひとりの個性に目を向けようとしないのか。だからそんな教育をしても、平然としていられるのではないか。こんな保育園には自分の子供を入

れたくない。

20年たっても状況はあまり変化していない。２００４年8月6日の琉球新報は、教育評論家・阿部進が「血液型」を保育に活用するように、私立幼稚園連合会九州地区会の教師研修大会沖縄大会で講演したと報じた。内容は、教室内で自由に座らせると、B型の子は「先生の前に」、A型の子は「窓際や廊下など端の方に」、O型は「真ん中で群れになって」、ＡＢ型は「一番後ろ」など血液型により顕著な違いがあり、それらを活用すれば園児一人ひとりが楽しく幼稚園生活を送れるようになったという。文部科学省幼児教育課の蒲原基道課長の基調講演と同じ場で行われたというから驚きである。

もちろん、血液型と着席行動の関係は実証されていない。数十人の幼児を観察すれば、血液型ごとに着席行動の違いが出る場合もあるが、それは人数が少ないためであり、また、血液型人間学を信じていれば、それに合致した行動だけが記憶に残り、それ以外の行動は忘れてしまうという確証バイアスもある。

阿部進は20年前からの血液型人間学の信者である。血液型を保育に活用すると、園児が楽しい生活を送れるようになったと、どのような根拠から主張するのだろうか。血液型を保育に活用しなければ、園児はもっと楽しく遊んでいたかもしれない。科学的研究では実験群（血液型を保育に活用する場合）と統制群（血液型を保育に活用しない場合）を扱い、園児が楽しく遊ぶ行動を比較して結論を出す。阿部進は何もしていない。単なる思い込みである。

何と警察でも！

驚いたことに、茨城県警の交通企画課は1995年4月と5月に血液型と交通事故の関係を調べてホームページに発表している。

調査対象は、人身交通事故の第一当事者（過失の程度がより重い側）3065名、第二当事者（過失の程度がより軽い側）2748名である。交通企画課によると、O型とAB型が少なく、A型とB型が多いという。各人数を調べて検定をしてみると、B型が多いという点のみは間違っているが、他は確認できた。しかし、勇気のあるO型の人身交通事故が少ないとはどういうことか。血液型人間学と矛盾するではないか。

第二当事者の各血液型人数を推定し、茨城の血液型分布と比較すると、有意差がなかった。つまり、第二当事者では血液型と事故との関係はまったくなかった。これはどう説明すればよいのか。このほか、交通企画課はO型は夜間事故型、A型はスピード事故型、B型は交差点事故型、AB型は居眠り事故型としているが、データが掲載されていないので、確認できない。

仮に血液型のグループ間で差があったとしても、調査対象者の性別、年齢、居住地などが、どのグループでも釣り合っているとは考えられない。血液型以外の要因が統制されていなければ、このような調査からは何の結論も導けない。

北海道警察の交通企画課もホームページに事故件数別星座ランキングを掲載し、交通事故を起こしたドライバー1433名の星座ごとの分析を行っている。「あくまで統計情報であり、星占いではありません」とまで断っている。統計情報だから正しい情報で、星座が原因で交通事故が起こるとでも言いたいのだろうか。アイゼンクの占星術研究の本でも読み、少しは研究の難しさを勉強してからにしてほしい。

生まれた星座や血液型は変えようがない。それに対して事故の誘因等を詳しく分析すれば、避けられるものもあるはずだ。そうすれば、事故が減らせるはずだ。警察はこんな初歩的なこともわからないのだろうか。

調査対象を血液型や星座などで、任意にグルーピングすれば、グループの差くらい出てくるのは当たり前である。それは年齢、性別、居住地、社会環境などに違いがあるからである。これらの要因を統制しないで、原因を血液型や星座と決めつける点が大きな間違いである。

個人として血液型人間学や星占いを信じるのは自由だが、警察という公的機関がこのような調査をホームページに掲載していいのだろうか。

結論はトンデモ学問

血液型人間学は、**日本を代表するトンデモ学問**である。その理由を簡単にまとめておこう。

● 古川学説から能見の血液型人間学を見てきたが、血液型と性格との相関関係を示すはっき

りした証拠はない。科学であるからには、

・O型→自信が強い。
・O型→意志が強い。
・O型→積極的。
・……

などの仮説が、どの程度の予測力で成立するかを、証明しないといけない。この基本的な仮説の証明が半世紀たってもなされていない。

●100項目くらい調査すると、肯定率と血液型との有意性が数個は出るが、関連性の強さ（予測力）は1%に満たない。また、結果は血液型人間学が予測する方向でもないし、調査の度に違った結果が出る。

●血液型人間学を支持する結果でも、知識の汚染から説明できる。血液型による因果関係を仮定しなければならない理由がない。

●特定の集団、政治家、野球選手、芸能人等を選び、日本人の平均的な血液型分布と異なることを示す研究は、何の意味もない。政治家、野球選手、芸能人等がどのような性格であるか、同時に測定した客観的なデータがない。

●血液型でグループ分けしても、年齢、性別、居住地、社会階層の違いなどが統制されていない。したがって、グループの差は血液型に起因するのか、その他の要因に起因するのかはわからない。血液型研究で結果が一貫しないのはこのためである。

まあ、そういうことだ。それでも信じる人たちはいる。間違ったことを信じる自由である。その自由は正しいだろうか。

第2章

万能心理テスト

その名は「バーナム効果」

誰もが「当たっている！」と感じる質問

木地さんの卒論研究の個所で説明したように、どの血液型の人でも肯定率（あるいは否定率）が7割を超えた質問がかなりあった。例えば「集中力は目的の有無によってムラがある」「現実的な面とロマンチックな面をもっている」「思い出を大切にする」……など、誰でもハイと答えるに決まっている。血液型がAでもBでも、同じである。ただ、A型の人はA型性格の解説文しか読まないので、そこに、こういう文章があれば、自分だけに当てはまると感じてしまう。

同じテスト結果にみんなが満足

アメリカの心理学者フォアはちょっとしたデモンストレーションを行った。一般的な性格記述を利用すると、いかに簡単に人々をだませるか、という実験だった[*1]。彼は心理学受講生39名に興味診断テストを実施し、1週間後にテストの結果を知らせた。

内容は、各個人の名前をタイプし、新聞や雑誌の占星術の本から抜き出した13の文章を並べたものだった。フォアは学生全員にまったく同じ結果を手渡した。その日は小テストが行われる予定で、学生はそれぞれ離れた席に座っていたので、お互いの結果を見比べることはできなかった。

フォアの作成した文章を示しておこう。どこか、血液型人間学の文章と似ている。

1　あなたには人に好かれ、尊敬されたいという強い欲求があります。
2　あなたは自分自身を批判する傾向があります。
3　あなたには使われていない潜在能力がたくさんあります。
4　あなたの性格には弱いところがありますが、一般的に克服する能力があります。
5　あなたの性的な適応には問題があります。
6　あなたは外面的には規律を保ち、自制しているが、内面的には不安で、くよくよしがちです。
7　あなたは、正しいことをしたか、正しい判断だったたか、時々真剣に悩む事があります。
8　あなたは、ある程度の変化や多様性を好むが、制約や限定が多いと不満を覚えます。
9　あなたは、一人で物事を考えられることが誇りであり、十分な証拠がないと他人の言うことを受け入れません。
10　あなたは、自分の秘密をあまりにも正直に他人に打ち明けるのは、賢くないと思っています。

＊1：Forer, B.R. The fallacy of personal validation: A classroom demonstration of gullibility. *Journal of Abnormal and Social Psychology*, 1949, 44, 118- 123.

11 あなたには、外向的で友好的で社交的な時と、内向的で慎重で控えめな時があります。
12 あなたの願望には、かなり非現実的な傾向もあります。
13 無事に暮らすことは、あなたの人生の目標の一つです。

フォアは、テストの結果がどの程度当てはまっているか、学生に0点（まったく当てはまらない）から5点（ぴったり当てはまる）までで評価させた。文章全体では4点から5点と高い評価だった。4点以上の評価を肯定したと考えると、肯定率が70％以下だったのは、文章の3、5、12だけだった。五つの文章しか自分に当てはまらないと回答した学生はたった一人で、平均では10の文章が正しいと判断された。クラス全員の評価の平均は4・26点で、ほとんどの学生は見事にだまされた。

調査用紙を回収した後、フォアが言った。

「調査に協力してくれてありがとう。さて、これで調査は終わりです。この興味診断テストがなかなかいいと思った人は手を挙げてください」

全員の手が挙った。

「おや、全員ですね。なかなか良いテストだったでしょう。さて、確認のために、私がこれから文章を一つずつ読みあげます。同じ結果だった人は手を挙げてください。いいですか。では一番目です。あなたには人に好かれ、尊敬されたいという強い欲求があります」

全員の手が挙がった。

「あれー、みんな同じだあ」

「そうですね。みなさんにまったく同じ結果を渡しましたから、同じはずですね。見事にだまされましたね」

クラスは爆笑の渦に包まれた。昔は良い時代だったということか。

バーナム効果の原理

ある時アメリカの心理学者ミール[*2]はミネソタ多面性格検査ＭＭＰＩ[*3]を用いた診断法について、考えを巡らせていた。例えば、精神病を検出する心理テストの誤診率が30％で、精神病者90名、正常者10名の集団（例えば来診患者）に心理テストを実施したとしよう。すると、

- 精神病者では27名が正常者と誤診される。
- 正常者では３名が精神病者[*4]と誤診される。

＊２：Meehl, P.E. Wanted — A good cookbook. *The American Psychologist*, 1956, 263-272.
＊３：精神障害の診断を目的として作成された５６６項目の質問紙。原版を基にして拡張した日本版がＭＭＰＩ—１、短縮・改訂版がＭＩＮＩとＭＩＮＩ—１２４である。
＊４：現在、精神病という診断名はないので、一種の差別用語である。

●従って、誤診される人数の合計は30名となる。

ところが、心理テストを使わないで、全員を精神病者と診断してしまえば、誤診される合計人数は10名となる。それでは心理テストの存在意義はどこにあるのか。

心理テストの誤診率を5％にしてみよう。すると、

●精神病者の4・5名は正常者と誤診される。

●正常者の0・5名は精神病者と誤診される。

●したがって、誤診される人数の合計は5名となる。

今度は心理テストを使った方が誤診数が少ない。

つまり、心理テストの成績は二つの要因で左右される。一つはテストの誤診率（**妥当性**）で、これが小さければ成績が良くなる。ところが、診断のターゲットとなる精神病者の割合が大きい場合は、全員を精神病者と決めてしまう方が成績が良くなる。

心理テストの測定目的が精神病者である場合、心理テストを実施する集団に精神病者が含まれている確率を**基礎確率**（診断する場合に、対象集団にそのターゲットが含まれている確率）と呼ぶ。この基礎確率の高い方の現象に焦点を当てたのがフォアの研究だった訳である。誰にでも当

てはまるような一般的な性格記述を、自分だけに当てはまるとみなしてしまう現象だ。これを、ミールは同僚のパタスンのアイデアを借用し**バーナム効果**と名付けた。

精神病院の来院者には精神病者の比率が高い。だから、ロールシャッハ・テストのように、インクのシミを見せて面接して常に「精神病者である」という結果を出せば、ある程度は成功する。しかし、テストの真の妥当性とは関係がない。基礎確率が高いから、成功しているように見えるだけである。バーナム効果と解釈できる。このバーナム効果は、フォア効果、主観的妥当化効果、個人的妥当化効果、確証バイアスなどとも呼ばれる。

P・T・バーナム

フィニアス・テイラ・バーナム（１８１０〜１８９１）[*5]はアメリカの興行師で、人をだます名人だった。牧場生まれだが、都会にあこがれた。店員、宝くじ売り、事務職員、地方新聞の経営等、仕事を転々とした。

１８３５年、盲目で歯のない黒人女を買い取って、ジョージ・ワシントンの乳母で１６１歳だとして、見せ物にして成功を収めた。バーナムはショー・ビジネスの世界こそ天職だと悟った。

＊５：NewYork Times, 1891, April 8. にバーナムの死亡記事と詳しい伝記がある。子供用の書籍では、Wright, D. *P.T. Barnum*. Steck-Vaughn Company. 1997. 詳細な伝記も多く、Harris, N. Humbug — *The Art of P.T. Barnum*. Little, Brown. 1973. を参照した。

1841年にはアメリカ博物館を買い取り、死んだ猿の上半身と魚をつなぎ合わせたフィジーの人魚や、小人の親指トムを見せ物にして人気を博した。

1850年にはスウェーデンのナイチンゲールと呼ばれたジェニー・リンドの興行で成功したが、忙し過ぎてアメリカ博物館を売却、1856年には破産してヨーロッパに渡った。1867年、アメリカ議会に立候補するも落選。

1871年、「バーナム博物館と動物園とサーカス」を組織し、1882年にはロンドンの動物園から巨大なアフリカ象を購入して「ジャンボ」という名前を付けて売り出した。ジャンボは1885年に鉄道事故のため処分されたが、イギリスとアメリカで熱狂的な人気があった。その名前はジャンボ・ジェット機などの名称で一般的に使われるようになった。

1880年にはサーカスの共同経営者としてジェイムズ・ベイリイが加わったが、1891年にバーナムは心機能の低下により死去した。彼が語ったとされる有名なセリフに「おめでたい奴はどんどん生まれてくる」がある。

図2・1　P.T.バーナム

人はなぜ信じてしまうのか

バーナム効果に関連した多くの研究が行われ、その要因が明らかになった。１９８７年にイギリスの心理学者ファーナムとスコーフィールド[*6]が約50の研究をレビューし、なぜ人々がインチキな情報を信じてしまうのか、まとめているので、要点を引用しておこう。

- 男女差がほとんどない。
- 権威主義的な人、他人からの承認欲求の強い人は、だまされやすい。
- 心地よい内容であれば、偽の情報でも信じやすい。
- 心理的な援助を求めている人は、不安が高いので、どんな内容でも信じてしまう。
- 被暗示性が高く、説得されやすい人は、バーナム効果に陥りやすい。
- 世慣れていたり、年長の人はだまされにくい。
- 実験者が立派な人で、情報が快い内容であれば、バーナム効果に陥りやすい。
- あいまいで意味のとりにくい表現を入れておくと、占い、予言などの説得力が増す。

＊６：Furnham, A., & Schofield, S. Accepting personality test feedback: A review of the Barnum effect. *Current Psychological Research & Reviews*, 1987, 6, 162-178.

医学分野でもあっさり

ファーナム[*7]は「医学のバーナム効果」と称して、大学生60名をペテンにかけた。彼は、講師2名を、代替医療のさまざまな学説を研究して、今専門書を書いている人だと、真実味たっぷりに紹介した。そして、次のような説明を行った。

毛髪診断

人々の健康状態を規定するには多くの方法があります。例えば、心拍、尿、血圧などを検査して、現代医学は身体機能を測定しようとしています。しかし、何千年もの間使われてきた他の方法もあります。例えば、瞳孔の状態を検査すると、ある特定の病気の診断が可能です。

かなり以前から興味をもたれてきたことですが、毛髪を物理的、化学的に注意深く検査すると、身体の健康状態の手がかりが得られます。例えば、ナポレオンが毒殺されたという証拠は、毛髪の綿密な分析から得られました。最近、毛髪検査でDNA分析が可能です。

この研究は、他の点では正常で、健康そうな人の状態を、毛髪分析や毛髪診断で診断できるかを、検証する試みです。みなさんには2～5本の毛髪（できれば後頭部の毛髪）を提供してもらい、名前を書いた封筒に入れていただきます。分析にはある程度時間がかかりますが、来週までには診断結果を同じ封筒に入れてお渡しできます。

学生たちは全員これに同意したが、不安に陥った。3名はテストがドラッグの使用が検知できるか、1名はガンが検知できるか、知りたがった。

翌週、60名中52名の学生が予定通り実験室に来て、毛髪診断の組織を装った宣伝を見せられた。学生たちは毛髪のサンプルと2ページの文書が入った封筒を受け取った。1ページ目は医学的内容のバーナム的な24の文章が並んでいた。2ページ目はそれぞれの文章の正確さを7段階（「7．非常に正確である」～「1．まったく正確でない」）で評価する調査用紙だった。文章の順序や書体を学生ごとに変えていたので、隣同士が文書をちらっと見ても、同じ内容だとは気づかれなかった。

文章の三分の一は、60％以上の人が、正確、もしくは、非常に正確に自分に当てはまると判断した。非常に正確だと判断した文章は、正常であることに関する文章だった。また、不眠、疲労、食欲、不安、特定の食べ物への欲求など、変化しやすい行動に関する文章も、自分に正確に当てはまると判断した。尿の色、鼻血など限定的な生理的行動は、自分に当てはまると判断した人は

＊7：Funham, A.F. The Barnum effect in medicine. *Complementary Therapies in Medicine*, 1994, 2, 1-4. ファーナム、A.（著）細江達郎（監訳）「すべては心の中に」（北大路書房、1999年）に論文の大部分が翻訳されている。ここでは原文から翻訳しなおして引用した。

少なかった。
それらの文章を引用しておこう。

● あなたの日常の食生活は適切ですが、新鮮な果物と野菜を増やせばもっと成果が上がるでしょう。
● あなたは時々不眠症に陥りがちです。
● あなたは時々訳もなく非常に疲れたと感じます。
● あなたの食欲は大きく変動します。
● あなたは時々不安の症状（例えば、緊張性頭痛、消化不良）を経験します。
● あなたの家系には遺伝的に重大な欠陥はありません。
● あなたの心臓血管系の働きは、同性・同年齢の平均です。
● あなたは時々ある食べ物を欲しくてたまらなくなります。

学生たちは、毛髪診断に基づいて、これらの文章が自分だけのために書かれたと信じていた。実験の後、学生たちはペテンのやり方やバーナム効果について、しっかりとした説明を受けた。数名の学生は実験を疑っていたが、ほとんどの学生は完全にだまされたことを白状した。

「ドクター・バーナム」の威力

フォアの文章は欧米人らしい内容に偏っているし、すべての文章が日本人に当てはまるとは限らない。それで、日本人に当てはまりそうな一般的であいまいな内容を残し、ミネソタ多面性格検査MMPI―1の質問項目で8割以上の人が「はい」や「いいえ」と回答した内容を付け加えることにした。文章を並べ替え、筋が通るように見せかければよい。東京福祉大学の村上千恵子が予備実験を行った。授業で主要5因子性格検査を行い、コンピューター出力の解釈文の部分をコピーで差し替えて、学生全員に同一の結果を返した。みんな簡単に引っかかった。そこで、学生を本格的にだましてみるためにコンピューター・ソフトを開発することにした。プログラムの名前は「ドクター・バーナム」[*8]。解釈文は全員同じ。各自に手渡した自動解釈シートの受検態度欄には「このテスト結果はおそらく信用できます」という定型的メッセージを打ち出した。最初に、あなたは正直に答えましたと書いた方がだましやすい。その後、バーナム的な性格の解釈文が続く。プロファイルは乱数を使って描いたので一人ひとり違う。少し見てもまったく同じだとは思わないだろう。ドクター・バーナムの実行結果を次のページからの図に示す。

＊8：ソフトはhttp://psycho01.edu.toyama-u.ac.jp/ からダウンロード可能である。ただし、学生に正しい結果をフィードバックするには主要5因子性格検査が必要である。

===

主要５因子性格検査システム by Dr.Barnum

システム開発：村上　宣寛
臨床的貢献　：村上千恵子

===

処理年月日 2005/02/04
　　時　刻 9:55:53

[　被験者の記録　]

ファイル：51504002

氏　　名：
性　　別：FEMALE
年　　齢：22 歳
実 施 日：
実 施 者：
住　　所：
学　　歴：
職　　業：
婚姻状態：
兄弟姉妹：
主 症 状：

この「主要５因子性格検査システム」は、基本的な性格の次元が、外向性、協調性、勤勉性、情緒安定性、知性であるという欧米の性格理論をもとに70項目で構成されています。住民票の無作為抽出による有効回答者1169名を、青年期（12～22歳）、成人前期（23～39歳）、成人中期（40～59歳）、成人後期（60歳以上）に区分し、世代別に標準化が行われました。

自動解釈は客観的で、経験的な法則に基づいて構成されており、あなたの性格を理解するために有用な情報が含まれています。しかし、ここで提供される情報は仮説的なもので、自動解釈が個々の人に完全に当てはまるわけではありません。自動解釈レポートは、自分の性格や生き方を振り返るための参考資料としてご活用ください。

このシステムを用いて（株）学芸図書以外の事業者が有料の解釈サービスを行うことはできません。なお、あなたは<< 青年期基準 >>で分析されました。

図2・2　ドクター・バーナムの実行結果

[BigFive Profile]

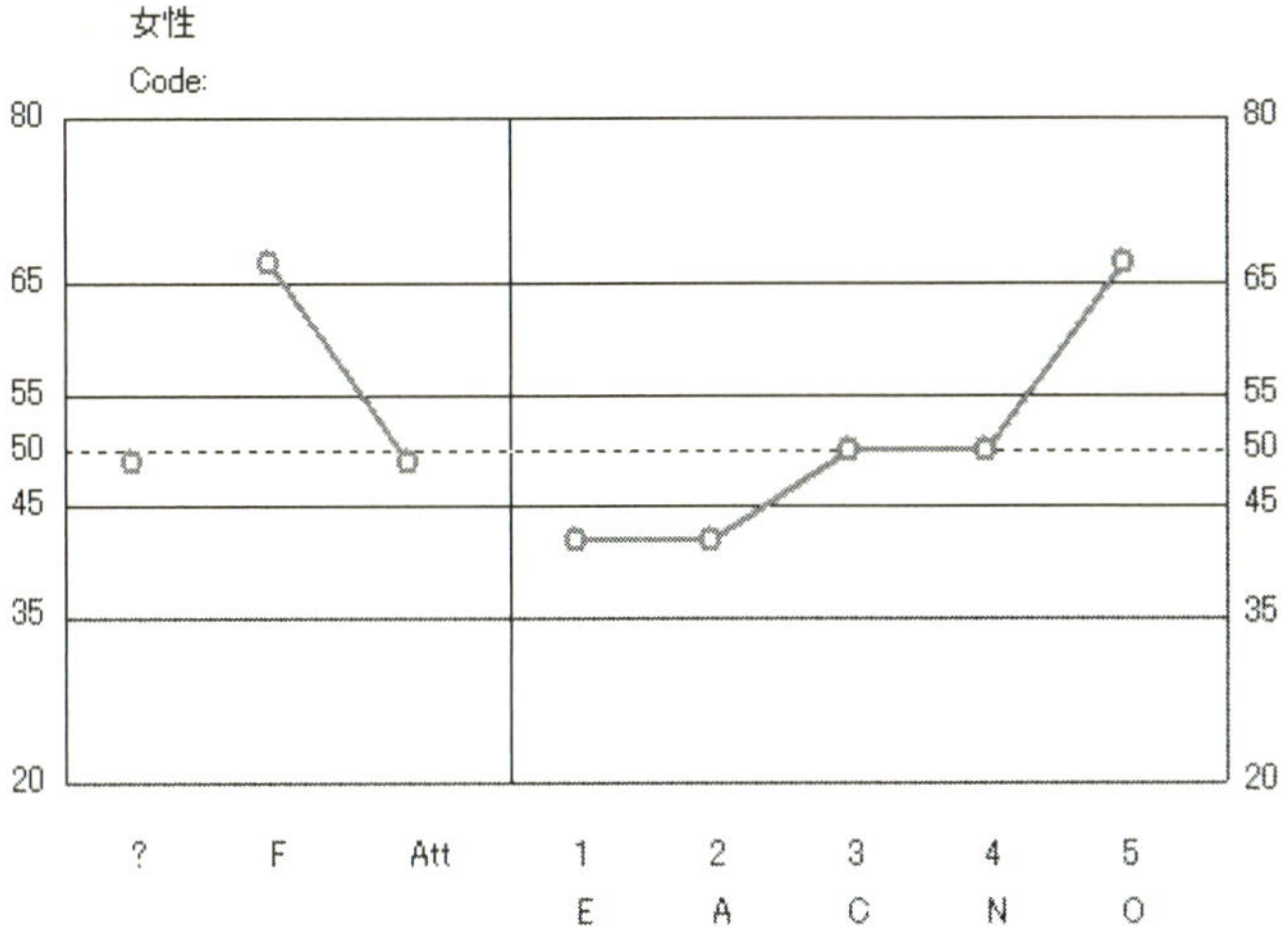

	?	F	Att	1 E	2 A	3 C	4 N	5 O
T-scores	49	67	49	42	42	50	50	67
Raw Scores	0	5	4	3	6	5	5	10

[　妥当性尺度　]

		素点	標準得点	
?	不応答	0	49	*****
F	頻度	5	67	*******
Att	建前	4	49	*****

[　基本尺度　]

		素点	標準得点	
E	外向性	3	42	****
A	協調性	6	42	****
C	勤勉性	5	50	*****
N	情緒安定性	5	50	*****
O	知性	10	67	*******

図2･2 ドクター・バーナムの実行結果（続き）

［　自動解釈　］

<<　受検態度　>>

　このテスト結果はおそらく信用できます。あなたの本当の姿は正確に測られています。そのため、自動解釈にはあなたの現在の精神状態が反映されていると思われます。質問に理性的、かつ、適切に回答しています。ストレスから自由で、適応は良好な場合が多いと思われます。

<<　全体的印象　>>

　あなたには人に好かれ、尊敬されたいという強い欲求があります。知っている人がみんな好きというわけではありませんが、同性より異性に強い魅力を感じています。今までに好きになった人がいて、それを理解してくれる友人がいます。ただし、いつでも他人に自分のことをすべて打ち明けるのは賢くないと思っています。異性関係で悩むことはあっても、セックスの問題で特に悩んでいるわけではありません。時にはみだらな冗談を聞いて笑ってしまいます。

　あなたは自分の将来には希望を持っています。自信に満ちあふれているとはいえませんが、自分のことを肯定的にとらえています。ただし、あなたの願望にはかなり非現実的なものもあります。ほかの人の家庭と同じように、あなたの家族も、あなたのことをよく理解してくれています。

　あなたには使われていない潜在能力がたくさんあります。外面的には、規律を守り、自制することができますが、内面的には性格に弱いところがあります。時には、決断は正しかったか、正しいことをしたのかと悩むこともあります。しかし、一般的に弱点を克服する能力があります。

　子供の頃は、まじめに学校に通いました。行儀の点数は良かった方です。めったにずる休みはしませんでした。頭痛、吐き気などはないし、筋肉がけいれんすることもありません。一般的に健康な方です。放浪癖はありませんが、一度も行ったことのない場所には行ってみたいと思います。

　法律や社会のしきたりは尊重します。しかし、制限されたり、禁止事項が多いと面白くないと感じます。ある程度の変化や多様性は好む方です。

　他人の言うことを根拠もなく信じてしまうことはありません。また、自分の心が誰かに操られているとは思いません。自分自身で考え、判断できると信じています。快活で、社交的で、誰にでも話しかけたい気持ちになることがありますが、悩むことがあって、人と口をきくのが嫌なときもあります。

< End of Report >

図2・2　ドクター・バーナムの実行結果（続き）

アンケートで巧みに注意をそらす

多人数の授業なので、自分の結果を読み、時間があると隣同士で見せ合ってしまう。それを防ぐ必要がある。また、ドクター・バーナムの結果をどの程度、信じたかのデータを採る必要がある。それで次のような簡単なアンケート用紙を配った。自動解釈結果を読ませてアンケートに記入させれば、友達同士で見せ合う時間がなくなるはずだ。

あなたには、以上のような性格の特徴が見られました。コンピューターの自動解釈は全体的にどの程度当たっていたでしょうか?

1. 左記の一つに○をつけてください。

非常に当たった
かなり当たった
まあ当たった
普通
あまり当たらない
かなり当たらない
非常に当たらない

2. どんな点が当たっていたと思いましたか？　具体的に書いてください。

3. どんな点が当たらなかったでしょうか？　具体的に書いてください。

さて、準備完了。おめでたい方々の出番だ。

ひっかけ実験を試みる

「これから主要5因子性格検査をやります。今から冊子とマークカードとアンケートを配ります。受け取った人は、冊子の表紙にマークカードの記入法と性格検査のやり方が書いてありますので、よく読んで、しばらく待っていてください」

冊子とマークカードとアンケートを配布して、行きわたるのを待ってから発言した。

「ええっと、質問用冊子が1冊とマークカード1枚を受け取りましたか。さて、やり方は表紙に書いてあるのでよく読んでください。説明は省略しますね。マークカードのファイル番号欄ですが、ここには学籍番号の下八桁の数字を記入してマークしてください。年齢、性別もきちんと書いてからマークしてください。やり方はわかりましたか……それでは回答を始めてください」

全員が回答を書き終えるのを待ち、冊子とマークカードを回収してから発言した。

「それでは結果をコンピューターで処理してきます。性格検査の結果はプログラムが自動的に解釈します。プログラムは新しく作ったばかりなので、どの程度、自動解釈文がうまくいっているかは、わかりません。まだ試作品です。それで、自動解釈文をよく読んで、自分に当てはまっているかを判断して、アンケートに答えてください。アンケートには名前を記入して、10分くらい静かに待っていてください」

裏方は大忙し

学生からマークカードを受け取り、研究室に戻り、一括処理した。マークカードの読み取り時間は1秒、一人分の解釈文を出力するには10秒もかからない。一番、やっかいなのはマークミスで、これがあると、プログラムが止まってしまう。そこで、ミスのあるカードを修正する前に他のカードの処理を続行して、その間に、マークミスの修正をした。マークカードリーダーを一時も休ませない工夫である。

授業は学部の「生徒指導論Ⅱ」（48名）と大学院の「心理検査法特論演習」（24名）だった。48名の処理でも6、7分で終了した。しかし、主要5因子性格検査の正しい処理結果も必要だ。ドクター・バーナムの終了後、自動実行プログラムを走らせた。5分程度ですべてが終了した。急いで講義室に戻った。学生たちは10分過ぎると、ザワザワしていた。

さて、本番！

「全員の処理が終了しました。これから一人ひとり名前を言いますから、取りに来てください。先ほど言いましたように、プログラムはまだ試作品です。結果をしっかりと読んで、先ほど渡したアンケートで自動解釈文を評価してください。わかりましたか。それではXXさん、YYさん、……、ええっと、おしゃべりはやめてアンケートに答えてください」

みんな根は真面目だ。真面目でない学生は授業に来ていない。ドクター・バーナムの結果を返し終わると、一生懸命に結果を読んでいる。ポーカーフェースで見守った。個々のプロファイルの形が違うので、自動解釈文も違うと思いこんでいる。10分くらいすると、アンケートに答え終わった学生が一人、「あれ、同じだ」と隣の結果を見て発言した。すかさず黙るようにジェスチャーで指示した。

数分後、全員がアンケートに回答し終わるのを確認して、タネ明かしをした。

「ご苦労様。実はね。全員に同じ結果を返したんだよ。以前にバーナム効果の事を説明したんだが、みんな見事に引っかかったね」

ある学生がけげんな顔をして、「グラフが違うんですが」と言った。

「ああ、もちろん、プロファイルは違うよ。乱数を使って描いたからね。一人ひとり、違うよ。

でも、自動解釈の文章は全員同じだよ。見比べてごらん。きれいに引っかかっただろ」

「ええっ？　そんなあ」とザワザワと騒ぎ始めた。隣同士見せ合って、本当に同じだと確認していた。そして、よくもだましたなという突き刺すような視線を私の方に向けた。

「おや、おれが大学の先生だからだまさないとでも思ったのかい。大学の先生でもウソを言うこともあるし、だますこともあるよ。だまされる奴が悪いんだよ。ひどい目に遭いたくなかったら、これから気を付けた方がいいな。頭が不自由だとだまされやすいからな……」

学生たちの顔に憤まんやる方ないといった表情が浮かぶ。コンピューターの自動解釈にバーナム効果を加えると、本当に簡単にだませる。効果抜群だ。

「さてと、遊びはやめにして、本当の結果をこれから返すよ。学籍番号順になっているから、一人ずつ、取りに来てください。XXXX番、YYYY番、……」

この後、学生たちは主要5因子性格検査の自動解釈結果を読んで、再度、大騒ぎすることになった。

大学院の授業でもまったく同じだった。きれいにだませた。院生は学部から進学した学生と現職の教員が半々程度である。バーナム効果のレビューによると、世慣れた年長者はだましにくいはずだが、そんなことはなかった。赤子の手をひねるより簡単だった。その代わり、裏切られたという怒りのこもった視線は尋常ではなかった。

アンケートに回答後、解釈文が隣と同じと気づいた学部学生が一人いた。大学院生では気づいた者はいなかった。ドクター・バーナムの全体的な評価（72名）の結果を表2・1に示しておく。主要5因子性格検査の自動解釈文について、大学院生（25名）にのみ同一形式で評価してもらった。その結果も表2・2に示しておこう。

偽物の方がアリガタイ

当てはまるという被験者の主観を妥当性（正しさ）の基準としよう。「まあ当たった」から「非常に当たった」を合計して、当たらなかったという被験者との比率を調べればよい。

ドクター・バーナムの場合、当たったという人は、28＋27＋8＝63名である。72名中63名が妥当性ありとしたことになる。妥当性係数を単純な比率で定義すると、63÷72＝0・88と素晴らしい値

表2・1　ドクター・バーナムの全体的な評価

当たったと感じた人が多い。

選択肢	度数	%
非常に当たらない	0	0
かなり当たらない	0	0
あまり当たらない	1	1
普　通	8	11
まあ当たった	28	39
かなり当たった	27	38
非常に当たった	8	11

表2・2　主要5因子性格検査の全体的な評価

当たったと感じた人は期待したほど多くはない。

選択肢	度数	%
非常に当たらない	0	0
かなり当たらない	1	4
あまり当たらない	1	4
普　通	6	24
まあ当たった	6	24
かなり当たった	9	36
非常に当たった	2	8

になる。ドクター・バーナムほど当たる心理テストもない。

主要5因子性格検査の妥当性を求めてみよう。当てはまるという人は6＋9＋2＝17名、したがって当たったという人の比率は、17÷25＝0・68である。ドクター・バーナムでだました後の評価だから、厳密には比較できないが、かなり見劣りする結果となった。

アメリカの心理学者オーデル[*9]は1972年にコンピューターによる自動解釈文をバーナム的文章に差し替えて比較した。すると、バーナム的文章の方が好まれるし、正確だと判断された。つまり、性格検査の本物の結果より、偽物の結果を信じる人の方が多かった。今回の実験も同様に、偽物の結果の方が正しいと信じられていた。

アンケートに並んだ高評価

バーナム効果の研究から、肯定的表現は信じられやすいが、否定的表現は好まれないことがわかっている。また、年長者ほどだまされにくい、とされる。しかし、本研究では院生でも簡単に

＊9：O'Dell, J.W. P.T. Barnum explores the computer. *Journal of Consulting and Clinical Psychology*, 1972, 38, 270-273.

だませた。おめでたい奴はどんどん生まれてくる。占いは永遠に人気を集めるだろう。バーナム効果は不滅である。

誰でも当たる君にも当たる

アンケートには「どんな点が当たっていたと思いましたか？」という自由記述の設問があった。そこから学生の声を直接、拾ってみよう。

学校にはほとんど休まずに通ったこと。きまりは守ろうとおもうけど、きまりばかりだと窮屈に感じるところ。

不登校は増えたけど、圧倒的多数の学生はほとんど学校を休まない。それに大学に入学して、私の退屈な授業に耐えられる学生は、真面目な学生に決まっている。誰だって決まりがあれば守ろうとするけど、決まりばかりでは窮屈ではないか。

自分ではあまり意識していなかったことだけれど、言われてみれば「確かに！」と納得したことだらけでした。行儀の点数は良かったほうだけど、けっこう冒険心があるところとか、当たっていてびっくりしました。

もちろん、基礎確率の高いバーナム的文章だから、当たっているに決まっている。冒険心があるとは出力されていないが、一度も行ったことのない場所に行ってみたいという文章を冒険心と解釈したものだろう。誰だって一度も行ったことのない場所には行きたいと思うよ。

いつでも他人に自分のことをすべて打ち明けるのは賢くないと思っていること。将来について、自信にあふれてはいないが、自分を肯定していること。ある程度、しきたりに従いつつも、多少の変化や多様性を好んでいるところ。

いつでも他人にすべてを打ち明ける人は正常とは言えない。いつも自信にあふれている人は普通ではない。ある程度は、しきたりに従わないと犯罪者になってしまう。だから、これらの文章に当てはまらない人はいないはずだ。

確かに自分は自信があり、何でもやればできるというものがあります。その反面、内面的な性格の弱さがあることも事実のような気がします。

自分に自信があり、やればできるという感覚は正常な人なら必ずある。誰でも性格に強いところと弱いところはあるに決まっている。弱点のない人などいない。

同性より異性に強い魅力を感じる。内面的には性格に弱いところがある。人に好かれ、尊敬されたいという強い欲求がある。

多くの人は同性より異性に強い魅力を感じるはずだ。安心しろ、君はノーマルだ。もちろん、人間だから内面的には性格に弱いところもあるはずだし、他人に尊敬されたいという欲求もある。人間は社会的動物だからね。

大体の文章が当たっている。将来のことや、子供の頃のことがまさにその通りだ。

心理テストで将来のこととか、子供の頃のことがわかるわけないだろ。基礎確率の高いバーナム的文章にきれいに引っかかっただけだ。引用はこの程度にしておこう。ちなみに当たらなかった点としては、学校に真面目に行かなかったとか、行儀の点数が良くなかったなどが散見されただけだった。

嫌いなものは信じない

大学院生には、バーナムではない、主要5因子性格検査の方の自動解釈文も評価してもらったので、「どんな点が当たらなかったでしょうか?」から声を直接、拾ってみよう。

「責任感がない」責任感はあるつもりだ。ただ自ら責任を負うようなことをしないだけだと思う。「友人知人が少ない」自分としては多いと思う。心からの友人は限られるが、知人程度ならば多いと思う。自分としては信じたくない結果というのが本音。

責任感がない、友人が少ないという自動解釈文に反発したようだ。こういう否定的情報は嫌われる。本人も信じたくない結果と本音を書いている。完全に的外れだったとは思えない。

協調性はあまりないとは思うが、文章に書かれているほどないとは思わない。全体的な印象の部分では、「人に勝つことに非常に関心が強い」と文章にあるが、私は他の人のことはあまり気にしない方である(自分に関わりのない他の人は)。したがって、うまくいっている人を見てもあまり気にならない。

協調性がない、人に勝つことに関心が強いという否定的情報に反発したようだ。競争心はある程度関わりのある人との間に生まれる感情だ。まったく関わりのない人に競争心を抱く人は少ない。この人の場合も嫌な内容をコンピューターで指摘されて反発した可能性がある。

人を信じやすいのでだまされやすい。不本意なことがあっても文句を言わないので、他人の思うように利用されたり、だまされる傾向がある。他人を優先し過ぎて、自分の気持ちや生き方が犠牲にされることがある。

これは自動解釈文のうち、本人が自分には当てはまらないと思った文章をリストアップしたもの。だまされやすい、他人の思うように利用されるなどの否定的情報が並んでいる。信じたくない結果は信じないということだ。

「この検査結果の妥当性はやや疑わしいと思われます」↑正直に書いたのに!! 自信があるって答えるのはだめなのか??

妥当性尺度（建前尺度）が少し上昇すると、こういうメッセージが自動的に出力される。この人は大きな字で書き殴るようにアンケートに答えていた。回答が疑わしいと判定されて逆上した

という印象である。ちなみに、この人はドクター・バーナムの当たらない点として、

「子供の頃、行儀の点数は良かった」という点。実際は残したパンを机の中にため込んで、学期末にかびの生えたものが10個くらい出て来て、怒られたり、忘れ物、宿題をしないことでいつも怒られていた。

とある。問題児だったようだ。それでも、この人はドクター・バーナムの結果を「かなり当たった」と評価していた。一方、主要5因子性格検査の正しい自動解釈文は「あまり当たらない」と評価していた。人間は見たいと思うものしか見えない。残念ながら、これは真実だ。

本当の倫理問題はどこにあるのか

私のやった研究を「倫理に反する実験だ。けしからん」と反発する学会関係者がいそうだ。しかし、この程度の実験は社会心理学では普通である。先に引用したファーナムも社会心理学者だ。現実の社会的状況に近い実験条件で研究しないと、本当のことがわからないからだ。

もちろん、人をペテンにかける実験は望ましくない。そのため、実験の後、実験の目的や内容を知らせる手続きが必要である。これをデブリーフィングと呼ぶ。ファーナムや私が実験後に正しいフィードバックを与えたのは、デブリーフィングという手続きである。もちろん、あからさ

まに「馬鹿は死ななきゃ治らない」と言っては礼を失する。しかし、思想、信条の自由は憲法で保障されているから、口に出さないかぎりいいかもしれない。

心理臨床家は、特に倫理問題に神経質な傾向がある。もちろん、心理テストやカウンセリングの結果、入手した個人情報をみだりに公開することは許されない。したがって、倫理問題は重要である。しかし、心理臨床家が用いる心理テストは倫理的に問題がないのだろうか。

実際は逆である。心理臨床家は、倫理的な問題が山積みの心理テストを好んで使っているし、そのことに気づいてもいない。これこそ、最大の倫理問題である。以下の章でその例を示していこう。

第3章

インクのシミで心を占う

ロールシャッハ・テスト

ロールシャッハとのなれそめ

医大からきた協力依頼

昔々のこと、研究室で仕事をしていると、突然、電話がかかってきた。

「医薬大のXXと申します。突然の電話で、誠に申し訳ありません。実は、研究室でロールシャッハ・テストをやろうということになりましたが、我々ではまったくわからないものですから、先生にご教示いただけないかと思いまして、お電話を差し上げた次第です」

これに対する私の返答は、冷血さの点で100点満点であった。

「ロールシャッハ・テスト？　解説書があるから読めば誰でもできるよ。講師料、いくら払うんだい」

電話はすぐに切れた。私は自分の研究時間を確保できた。この頃、私はパソコンPC—8801を苦心して入手し、プログラミングを勉強しているところだった。時間はいくらあっても足りなかった。おそらく、1984年の出来事だと思う。

医薬大の精神神経科教室としては、ロールシャッハ・テストは専門外なので、誰かに教えてもらう必要があったのだろう。数カ月後、人文学部の知り合いの先生を通じて、妻の千恵子に依頼があった。しばらくすると、彼女はアルバイトの形で、ロールシャッハ・テストを実施するために精神神経科に通うことになった。

千恵子は依頼されるとすぐにロールシャッハ・テストの達人になり、教室で活躍しだした。しかし、まもなく、音を上げ始めた。記号の整理が面倒なのである。電卓だと、毎回、同じ集計作業をしないといけない。なんとか、ならないかという。もちろん、プログラムを作れば一瞬で集計可能になる。

集計ソフトは、片口安史の「心理診断法詳説―ロールシャッハ・テストの解説と研究」（金子書房、１９８４年）を頼りに作っていった。絶対に間違いは許されない。本を読んだだけでは計算手続きがわからないことも多かった。千恵子は著者に直接手紙で問い合わせた。１、２カ月で集計ソフトが完成した。Ｂａｓｉｃで５０００行か６０００行だった。

何とか自動プログラムを完成

プログラムが大きいので、パソコンのメモリを占拠し、のろのろとしか動かなかった。ただ、医薬大にはＰＣ―９８０１という16ビットの最新マシンがあったので、私のマシンよりはるかに高速で動作した。入力部分は手抜きをして専用の行エディタを作った。入力作業はあまり快適ではなかったはずだが、それでも、効果は素晴らしかった。集計作業が完全に自動化されてしまった。

博愛主義者の千恵子は、自分だけがこんな便利なソフトを使っていて、他の人が使っていないのは可哀相だと言い出した。

「このソフト、絶対売れるから、インフォメーションのSさんに会って来たら」

「集計だけだし、プログラムも幼稚だから売れる訳ない」

「そんなこと言わないで、ぜひ、会ってきなさいよ」

「こんなソフト、売れるわけないだろ。そんなにうるさく言うんなら会ってくるけど」

渋々と承知し、東京に出かけることにした。プログラムをSに送った。Sはインフォメーションサイエンス誌の担当編集者で、私の統計ソフトを雑誌に載せてくれていた。この頃、私は覚え立てのＢａｓｉｃで簡単な統計ソフトを書いて、「インフォメーションサイエンス」という雑誌に不定期連載をしていた。当時は誰も書く人がいなかったので、私でも書けたというだけの話だ。

「ロールシャッハの定本をお願いします」

Sとは喫茶店で会った記憶がある。挨拶を少ししただけで、本論に入った。

「ロールシャッハのソフトはどうかな」

「ええ、見ました。ロールシャッハのソフトはぜひ当社で販売させてください」

「売れないと思うよ」

「いや、画期的な物になります。ぜひ、画期的な物にしてください。それと解説書を書いてほしいんです」

「ロールシャッハの？」

「ええ、ロールシャッハ・テストの定本となるような解説書をお願いします」

「うーん、そうだなあ」

「締め切りを決めませんか。来年12月でどうですか」

「自信ないな」

「じゃあ、来年12月を目標ということで」

「うーん、来年12月を目標にするか。ええっと……何だっけ。定本を書くんだったたっけ？」

「ええ、ぜひ、画期的な標準となる解説書をお願いします」

話は簡単に片づいてしまった。2時間ばかり、どうでもいい話をしていた。ソフトの販売と解説書の執筆を簡単に引き受けたが、この時点で、私はロールシャッハ・テストについては何も知らなかった。計算手続き以外のことはすべて千恵子にお任せだった。片口さんの本を読めば何とかなると簡単に考えていたが、これは大きな間違いだった。いくら読んでも意味不明だし、概念規定があいまい過ぎて、参考にならなかった。結局、大いに困った。

片口さんの本から離れ、クロッパーやエクスナの原著を読み、概念定義をやり直して、ようやく本の形になった。これが我々の最初の本で、村上宣寛・村上千恵子「ロールシャッハ採点システム」（インフォメーションサイエンス社、１９８６年）となった。後に改訂し、「ロールシャッハ・テスト―自動診断システムへの招待―」（日本文化科学社、１９９１年）となる画期的な解説書であった。

唯一のエキスパート・システム

「ロールシャッハ採点システム」を執筆するにあたり、千恵子は金沢のロールシャッハ研究会にも参加して、勉強したが、水準はものすごく低かった。クロッパーやエクスナの原著を読んでいるメンバーもいなかった。解釈文といっても数行位しか書けなかった。ルールベースの簡単なエキスパート・システムを書けば、金沢のロールシャッハ研究会など、簡単に凌駕してしまうはずだ。

ロールシャッハ・テストの解説書となると、事例解釈の章が不可欠である。ここで千恵子と完全に対立し、バトルを繰り広げた。千恵子は量的比率の計算に基づきながら、図版一つ一つに共感的理解を加えつつ解釈する伝統的なやり方だった。冷血漢の私は日本人の標準得点を視野に入れた、徹底的なルールベースのアプローチで解釈した。それぞれが自分のやり方で解釈し、事例とどの程度合っているかを議論した。

私の機械的なアプローチにははっきりとした利点があった。千恵子の伝統的なアプローチでは解釈がテスターの共感的理解力に影響される。はっきり言えば、育ちの良い千恵子には、彼女とまったく違った環境に育った精神障害者を理解することが困難で、実際より良く解釈する欠点があった。また、ロールシャッハ・テストには標準得点の考え方がなく、世界中で同じ解釈基準を適用することになっていた。しかし、アメリカ人と日本人では平均がまったく違う指標も多かった。これは明らかに間違っていた。どうして誰も指摘しないのだろうかと思った。

「ロールシャッハ採点システム」の事例解釈は、量的比率を標準化してルールベースの観点から解釈することにした。私が予想していた通り、ロールシャッハの集計ソフトは1年でたった三つ売れただけだった。それでも出版社は平気だった。パソコンぼっ興期のことで、文化を生み出しているという自負心に酔いしれていた。

売れ行きを上げるには自動解釈しかない。私はこう考えて取り組んだ。出版直前から解釈ルールの収集を始め、半年あまりで２６０のルールを執筆した。今、思えば、売れ行きを心配していたのは私だけだっただろう。編集者のSは別会社を立ち上げていたし、社長はあぶく銭を山ほど持っていた。もっとも怪しげな仕事が得意だったから、後に絵画取引で監獄にぶち込まれた。しかし、文化的貢献は彼の生き甲斐だった。決して真の悪人ではなかった。

ソフトをバージョン2とし、名称を「ロールシャッハ自動診断システム」と変更して１９８７年10月から売り出した。自動的に２０００文字程度のレポートが出力されるというスグレモノである。Ｂａｓｉｃで８０００行を超えた。ソフトは売れ始めた。といっても数十だったが、世界にたった一つのエキスパート・システムである。関係者は鼻高々だった。売れても、売れなくても、そんなことはどうでも良かったのだ。

自動解釈プログラムを作ってみると、いつの間にか我々は世界のトップに立っていた。そして、ロールシャッハの解釈仮説を再検討すると、実証的根拠がほとんどないことに気づいた。すべては臨床家の直感に基づいて組み立てられていた。我々は「なぞときロールシャッハ」（学芸図書、1988年）を執筆し、しばらく考え込んだ後、この分野から撤退することにした。

ロールシャッハ・テストの成り立ち

ヘルマン・ロールシャッハの人物像

ヘルマン・ロールシャッハは1884年スイスのチューリッヒで生まれた。彼の顔写真は5枚ある。[*1] ここにはロールシャッハが20代の写真を掲げておこう。口ヒゲを蓄えたハンサムな青年である。映画俳優のブラッド・ピットに似ている。彼は甘く端正なルックスだが、美男子役は少なく、暴力・犯罪映画など、癖のある役ばかり好んで演じ続けている。ロールシャッハの研究もルックスとは裏腹に、人間の心の闇を見つめた、一癖も二癖もある内容ばかりだ。

ロールシャッハは長身、痩身、金髪で、表情に富み、生気にあふれ、動作はきびきびとして、早口だったという。また、親切で快活でユーモアに富み、気分のムラがなかった。興味の幅は広く、自分の知識をさまざまな分野に関連させる才能があった。

　芸術家肌の人で、多くの絵画が残っている。人間の顔や動作を描くのが上手だったが、色彩を使うのは苦手だった。また、ロマンチックな音楽も好み、バイオリンを弾いた。演劇にも熱心な興味を示し、喜劇が非常に好きだったが、悲劇やドラマは好まなかった。語学の才もあり、フランス語、ロシア語に通じ、特にドストエフスキーの作品に深い感動を覚えたという。

図3・1　ヘルマン・ロールシャッハ

　余技の方では大工仕事が好きだった。彼はヘリザウ精神病院で休日によく子供たちのために、ベッド、玩具、写真の額縁などを作った。よく山に登り、ハイキングを好んだ。ボート、水泳も楽しんだ。余暇や休日には研究のことは一切忘れて、読書をしたり、絵を描いて過ごすのを好んだという。

　少年時代、インクのシミ遊びに熱中し、仲間

＊1：エランベルジェ、H．F．（著）中井久夫（訳）「ユスティーヌス・ケルナーからヘルマン・ロールシャッハへ。―インクブロットの歴史―」ロールシャッハ研究、1981、23、1―8。

から「シミ」というあだ名で呼ばれていたという。1904年にシャフハウゼン州立学校を優秀な成績で卒業した。父親が18歳の時に死去したためか、医学を志した。

1909年に、ミュースターリンゲン州立精神病院に就職し、1913年まで勤めた。この間に学位を取り、その後、いくつかの病院を転々とした。学問研究の機会は与えられなかった。1914年、ヴァルダウ精神病院での勤務も俸給が少なく、仕事も面白くなかったが、研究する時間があった。この時、ロールシャッハは民族学にも興味を示し、次第に伝統や迷信に関する資料を集め、土着の宗教研究に没頭した。その研究は彼のライフワークになり、400~500ページの本にまとめられる予定だった。

1917年、インクのシミ検査が、精神診断の手段として使えることに気づいた。突然、ロールシャッハは宗教研究を放棄した。1918年にインクのシミ図版を作成して、正常者と精神病者にインクのシミ検査を実施し、反応を比較する研究に没頭した。

ロールシャッハが作成した図版は40枚くらいだったが、そのうち15枚がよく用いられた。ヘリザウの医学会で発表したが、理解されなかった。彼はあちこちの出版社に原稿を送ったが断られ、スプリンガー社のみは受け付けてくれた。しかし、図版を6枚に減らすように要求された。ロールシャッハはこれを拒否し、原稿を書き直して、他の出版社に送った。ようやくベルンのビルヒャーという小さな出版社が引き受けてくれたが、図版を15枚も印刷できないと言われた。それでロールシャッハは図版を10枚に減らし、もう一度原稿を書き直した。1921年にようやく「精神診断学」[*2]が出版された。

出版は完全な失敗で在庫の山となった。図版のサイズが小さくなり、黒枠は取り払われた。色も違っていたし、印刷ムラがあちこちにできた。印刷所の不手際から濃淡の要因が持ち込まれたが、ロールシャッハはこれを見て新しい可能性に気づいた。ところが、1922年、彼は重度の腹膜炎で死去した。ロールシャッハの死後、陰影反応のカテゴリーがハンス・ビンダーによって追加された。ビルヒャー社の出来損ないの図版は、現在ではロールシャッハ・テストの標準図版として配布されている。

ロールシャッハの行った知覚実験

ロールシャッハは、正常者117名、精神分裂者188名、その他の精神障害者100名、計405名にインクのシミから作成した図版を見せて、何に見えるかを答えさせ、反応の形式的側面を分析した。つまり、

反応数はどれくらいか？　反応時間はどれくらいか？　図版に対する反応の拒否はどれ

＊2：ロールシャッハ、H．片口安史（訳）「精神診断学―知覚診断的実験の方法と結果―（偶然図形の判断）」金子書房、1976年。

くらい起こってくるか?

答えが図形の形態によってのみ決定されたか、あるいはその他の、図形の運動やその色彩によって決められたのか?

その図形は全体として、あるいは部分として把握され判断されたのか、そしてそれはどの部分か?

何を見たか?

であった。残念なことに、ロールシャッハは反応のパーセントを記載しただけで、正確なデータも統計量も報告していない。ロールシャッハが37歳の若さで死去してしまったため、テストは未完のまま終った。しかし、ロールシャッハ・テストは、アメリカのベク、ハーツ、クロッパー、シェイファー、エクスナなどの心理学者によって発展を遂げた。日本でも１９２０年代後半に紹介され、１９４０年代からさまざまな独自な方法が発展した。

実際のテストのやり方

ロールシャッハ・テストの実施は2段階で行う。最初が実施段階で、図版（97ページ参照）を一枚ずつ見せて、反応を記録する手続きである。次に、反応の要因を探る質問段階がある。実施段階の標準的な教示を示しておこう。

これから図版を10枚見せます。これは紙の上にインクを落として偶然にでき上がったものですから、何に見えても構いません。図を見て、何に見えるか、どのように思われるのかを言ってください。図版は1枚ずつ渡します。手にとって自由に見てください。何に見えても構いませんから、何か見えてきたら遠慮なく言ってください。

テストを受ける人は図版Iを受け取って、何が見えるかを報告する。いくつか言うと連想ができなくなってしまうので、その時は次の図版に移る。図版Xまで進むと終了する。

質問段階の標準的な教示も示しておこう。

いろいろ答えてもらいましたが、あなたが見られたものが図版のどこに見えたか、どうしてそのように見えたのか、ということについてお尋ねします。もう一度初めから、一緒に見ていきましょう。

反応ごとに、インクのシミのどこを見たか、動きを見たか、色を見たかなどを確認する作業である。被験者に暗示を与えないように、遠回しで、間接的な聞き方をする。図版Xで終了となる。

記号化と解釈の手順

ロールシャッハ・テストというと、インクのシミ図版を見せて、何を見たのかを解釈するテストだと思っている人が多い。それは間違いである。インクのシミのどこを見たか、反応が決定された要因は何か、反応の内容は何か、客観的に判断するために、反応を記号に置き換えて、出現頻度や比率計算をして解釈を行う。整理はかなり面倒で、コンピューター・ソフトが必要になる。

反応領域　インクのシミの全体に注目した反応は全体反応W、まとまりのある部分に注目した反応は普通部分反応D、まれな部分に注目した反応は特殊部分反応Dd、空白部分に注目した反応は空白反応Sである。

反応決定因　形態、運動、色彩、陰影の要因を区分する。形のみに注目した反応が形態反応Fである。動きを知覚した反応が運動反応で、人間運動反応M、動物運動反応FM、無生物運動反応mがある。色彩反応には、赤、青、黄などに注目した有彩色反応（FC、CF、C）と、黒、白、灰色などに注目した無彩色反応（FC'、C'F、C'）がある。インクの濃淡から材質感を知覚した反応が材質反応（Fc、cF、c）、奥行き感を知覚した反応が拡散反応（FK、KF、K）である。3次元的印象を平面に投影した反応が射影反応kである。

反応内容　主として人間H、動物A、解剖Atに関する反応がある。体の一部のみの反応はHdやAdと表記する。漫画の主人公や宇宙人など、現実の存在ではない場合は記号を（　）で囲む。

形態水準　被験者の反応がインクのシミとどの程度対応するかを、正確さ、明細化、構成度の観点から4段階で評価したもの。優秀水準＋、良好水準±、不良水準∓、病的水準－がある。

以上の記号などは読み飛ばして構わない。ただ、ロールシャッハの解釈は、この四つの領域ごとに反応を記号に置き換えて、数値化して行う点は忘れないでほしい。原則として、反応領域はその人の注意やアプローチの癖を表すと考える。同様に、反応決定因は、動きを見るか、色彩を見るか、陰影を見るか、それとも単なる形しか見ないのかなど、その人の認知の枠組みを表す。また、反応内容は、その人が普段見聞きしている内容を表す。形態水準は、反応のもっともらしさの指標で、精神障害の程度に関係すると考えられている。

整理法も解釈法も非常に複雑である。興味のある方は村上宣寛・村上千恵子「ロールシャッハ・テスト―自動診断システムへの招待」（日本文化科学社、1991年）を参照していただきたい。

なぜこんなに当たらないのか

シンポジウム'84にて

1984年11月25日、広島大学で開催された日本心理臨床学会第3回大会でのシンポジウムを、録音テープによって再現した「めくら分析」（ロールシャッハ研究[*3]）を取り上げよう。

シンポジウムは「あらかじめ、話題提供者に事例のロールシャッハ・プロトコルを送り、各自の意見をごく簡単なメモにまとめ、相互間にメモを交換しておき、それ以外は予備的な情報交換をせず、直接シンポジウムで話題提供していただき、それをもとに討論を展開させる」という座談会形式である。

参加メンバーは、事例提供者が空井《そらい》健三（中京大学教授[*4]）、話題提供者として、斎藤久美子（京都大学助教授[*4]）、馬場禮子（常磐大学教授[*4]）、秋谷たつ子（順天堂大学講師[*4]）、といずれも著名な心理臨床家である。

座談会形式という方法も災いして、各参加者の意見は極めて冗長で不明確である。しかし、これ以降、類似の試みは見られない。ここでは、論旨を要約して整理しながら紹介してみよう。

ロールシャッハ記録

ロールシャッハ記録を簡略化して引用しておこう。上段が実施段階、下段が質問段階の記録である。反応領域も図3・2に示した。ロールシャッハ・テストを知らない人でも、ある程度、雰囲気はつかめるだろう。

図版Ⅰ（14秒、初発反応時間）

こけしに似ている	形から、それと眼。正面向きで眼は片方しかない。
全体にビテイ骨の感じ	骨バンも一緒に見たよう、開いて、骨だけ取り出した。骨バンは開いているので。
人の顔、横顔	中側はわからない、輪廓だけ。女、割

＊3：ロールシャッハ研究、1985年
＊4：いずれも肩書きは当時のまま。

……それだけです（1分14秒、反応終了時間）。

合若い、女というのは髪の毛と、それから眉のやさしいところから。

図版Ⅱ（15秒）

エビの頭と……それから尻尾

全体として手をあわせているような感じ

（2分07秒）。

尻尾は分かれていますけど、ツノなど赤い頭に関連して尻尾もちょっと。

（黒領域を指す）二人が手を合わせて、頭が見えにくいが……かがんである感じ、あんまり力を入れていない感じ。

図版Ⅲ（10秒）

人間が二人、二人で、あの、火鉢に手をかがしているような感じ

蝶々の羽です。

ハッキリしないんですけど、オジイさ

女のよう、胸から、年よりでない、足はピンとのばしているし。

羽を広げた感じ、羽だけ。

あごヒゲ。から、オジイさんに見えた。

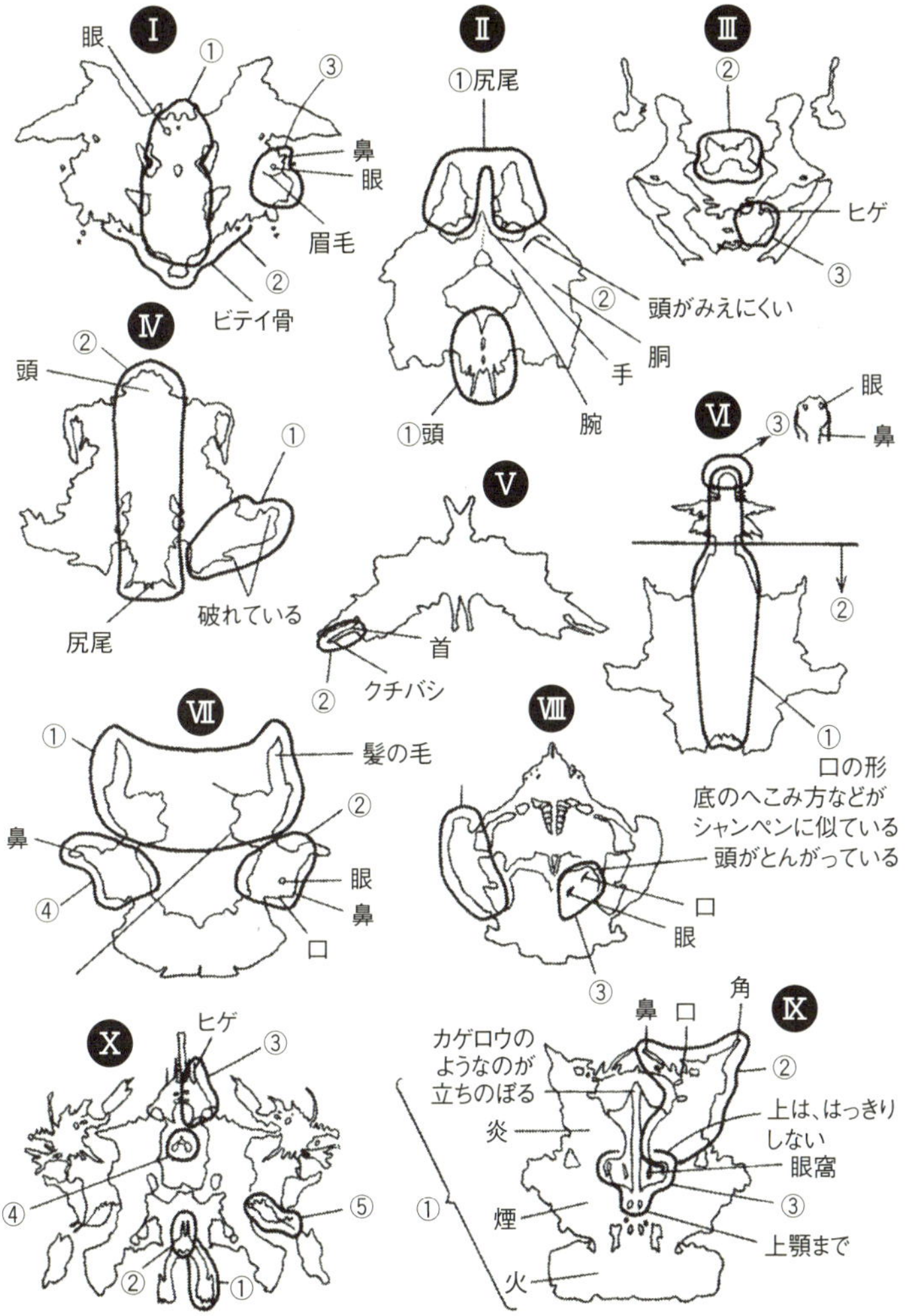

図3・2 シンポジウムで使われた反応領域図

んの頭（2分15秒）。

図版Ⅳ（9秒）

破れたクツ

シャコってありますね。おスシなんか　横縞がある

にするアレ（1分31秒）。

図版Ⅴ（24秒）

チョウチョウ　全体の形です、アタマの触角、シッポ、

割れているんですが（笑）

ツルの首から上（2分09秒）。　首を伸ばしたところを上から見た感じ

図版Ⅵ（6秒）

洋酒のビン

なんか動物の毛皮のような

カオ（1分39秒）。

図版Ⅶ（16秒）

人間の顔が一、二、三、四つ

菊の葉っぱ、ムシに食われた菊の葉っぱ

象の頭です（2分22秒）。

図版Ⅷ（16秒）

トカゲ

足のような、モヤモヤ毛のような。どちらかと言えば毛の感じが強い。

動物の感じ、ちょっとタヌキに似た感じ、眼と鼻があるように見えるので。

上は両方で言い合いしているよう、女、下はただうつむいている

まわりがギザギザ切れ込んでいる、中があるはずだが、ムシに食われていない、ここ（中央下）は枝のところ

アタマ、シッポ、アトアシは一本しか

	見えません。少し斜めに体がねじれているよう
花	色の感じ、形もなんとなく花のよう
さっきのトカゲとは別にトカゲの頭の部分だけ（2分08秒）。	
図版Ⅸ（10秒）	
焚き火しているとこ	火、煙、炎
お伽話に出てくる悪魔の感じ	ツノ、鼻、口、横から見たとこ
頭蓋骨の一部（2分33秒）。	眼窩、鼻、上顎まで、上はハッキリしない。
図版Ⅹ（14秒）	
イモムシ	形が、それとシマ模様。色は関係ないし。

ウサギの顔だけ　　　　　　　　　　　　ミミ、ハナ
名前はわかりませんが、ムシ、昆虫の　ヒゲがたくさん出ている
ようなもの
花のオシベ　　　　　　　　　　　　　花粉の袋が先についている。形も色も
　　　　　　　　　　　　　　　　　　似ている。
シカがとびはねるような（3分30秒―　前足、後足、色も似ている。
推定）。

斎藤久美子の解釈

斎藤の発言を引用しておこう。あまりにも長いので、所々を省略し、要旨が読み取れるようにした。括弧内は筆者が英単語の日本語訳を追加したものである。

このプロトコルをずっと読み通すと、そこに盛られている、誰が見ても目立った特徴というものがありますね。まず、一番素朴にたくさん出てくる、反復されるものに眼を向けてみました。……

するとそのイメージの中身というのは、一応精神分析的に phallic（男根の）表象と

いうことなんです。そのphallic（男根の）表象の頻出、反復、phallic（男根の）イメージ強迫ということがどうしても目立つわけで、これだけでテスト全体を被いつくすくらいです。……

Ⅰ図でまず平凡反応を押し退けて、いきなり出てくるこけしに始まりまして、それと類似のⅥ図だったとおもいますけれど、ビンといったレベルのものから、花粉、袋を被ったおしべでしたかしら、鶴の首の上とか、そういったかなり直接的で象徴化の度合が低いものまで、……大小さまざまな同じ内容のイメージが次々に出てきます。……それは小さい領域でより直接的なイメージ、つまり、象徴化のレベルの低いイメージが出てきているのも一つの特徴だと思うわけです。……

それと肛門期的な関心ということで見ていけばⅠ図の尾てい骨とか……女性器官的な属性をちくはぐに備えざるを得ないphallus（男根）というのをanal（肛門の）な表象の系列として見ていくこともできるようですが、……Ⅶ図の、中が空洞化した菊の葉っぱというのも、意味深長な反応だと思うんですけど、……空洞というのが、anal（肛門の）なニュアンスとか、female organ（女性器）のレベルのイメージとか、……相当深刻なイメージのような気がするわけです。……

どちらにしましても男性としてのgender identity（性的同一視）がかなり深刻な危うさを抱えている。そういうことから、実際にはかなり倒錯的な心的特徴が存在するのではないかというふうな気がしているわけです。……

形式分析的に見ると、神経症レベルになると思うんですね。ただ、……世界がすごく限局された範囲でやっとこういう構造を保っているということなので、決して治療がやりやすいとかいう風な人ではないいんじゃないかと、そういうふうに思います。


斎藤の解釈には男根イメージしか出てこない。初めに男根イメージありきで、被験者の反応をすべてこのイメージを通して見ている。こけし、ビン、おしべ、ツルの頭、トカゲの頭、すべて男根の象徴だという。こけしやビンが男根象徴であるという証拠があるわけではない。斎藤がそう思っただけだ。こういう思い込みで性倒錯と決めつけられてはかなわない。京都大学教育学部は私の母校である。幸い、私は斎藤に直接学ぶことはなかった。偏差値の高い頭の良い学生が、このような人の講義を受けることくらい、不幸なことはない。残念ながら、その不幸は十数年は続いたのだろう。今や母校の臨床心理学の水準は口に出すのが恐ろしいほど低下してしまった。

馬場禮子の解釈

次に馬場の発言を同様に引用する。括弧内は筆者が英単語の日本語訳を追加したものである。

分布をみますと、体験型は極端でない両向性、それからＦＣ：ＣＦ＋ＣはＦＣの方が優位、M：FMもほぼ良いバランスが見られる。全体としては、総合してみた場合には、ほぼ自我機能が適切に働いていると風に考えていいと思います。……

まず、最初の図版のもう冒頭から部分領域へぱっと入っていきますね。そしてこけしという固い物体を見ている。……物にして、細かくすることによってその状況に対処していこうとする、……そういうところからまず自我防衛としてisolation（隔離）に非常に頼っている人だということがわかってくる。……

Ⅱカードにいきまして、……確かにこけしとかシャンペンのビンとかphallic symbol（男根表象）になる様な物体があるんですけど、むしろ数としてはＡｄとかＨｄの方が多いんです。そういうところからは防衛がそれほど強固で分厚い壁ではないということを示唆している様に思います。……

Ⅴカードで、ここで一番反応時間が遅れている。……小さい領域に鶴の首という、やはりphallic symbol（男根表象）と思わざるを得ない様な出方だと思います。……

Ⅶカードでムシに食われた葉っぱという風に、どれをみても口唇的な退行の意味を持つ内容であることを考え合わせます。……

Ⅳカードでも、シャコという材質反応がはっきり出ていることとを考えあわせますと、この人には強い依存退行願望がありまして、……強迫的肛門期的な自我の体制が崩れやすいということを示唆しているのではないかと……

推測できることを……あらんかぎり挙げておきますと、まず、いずれにしろ抑うつ感が非常に強いだろうということ、……それから疲れとか、抑うつ感、無気力感が出やすいわけで、……抑うつ感が強い人ではないかと思う。それから男性性がある程度発達していながら不全であること、依存性をめぐる葛藤が強いことからアルコール依存も考えました。

馬場は量的比率から多少の推測をしているので、3名の解釈の中ではマシだが、それでも、相変わらず精神分析の枠組みにとらわれたままで、男根表象とか、依存退行願望とか、口唇的退行とか、強迫的肛門的などと口走っている。最終的に、抑うつ感の強い人、男性性不全、アルコール依存、性倒錯、対人恐怖、男性社会への関わりにくさをリストアップしている。たくさん挙げれば、何かが当たる可能性がある。しかし、実は、これだけ挙げても何一つ当たっていない。これは恐るべきことである。

秋谷たつ子の解釈

シンポジウムの記録から秋谷の発言も同様に引用しておく。やはり括弧内は筆者が英単語の日本語訳を追加したものである。

私も他のシンポジストの方と同じくこの被験者はphallic symbol（男根表象）を強く固

執したと感じました。……

カードⅠから私の見方を述べますと、……非常にたじろぎながら、自由に自分を解放できず、引きこもりながら反応している姿を最初の出発点に見ることができます。……

カードⅣとⅥの共通点に触れてみますと、phallic symbol（男根表象）を見ていると思います。……一般に男性的なものの投影されやすいカードⅣで、第一反応に破れた靴という価値下げ、つまり毀損（きそん）感を述べています。それから中央の下部D、phallic symbol（男根表象）の示されやすい領域を選択し、シャコを表現しています。……男性のシンボルにシャコのような柔らかい弱い動物をあてはめるのはphallus（男根）の価値下げと見ました。……

カードⅥに入りますがphallus（男根）領域から反応し始めるときは、初発反応時間が速くて、しかも洋酒のビンというoriginal（独創的）な反応内容を示しています。……

カードⅦですが、……。下の中央部d領域は菊の葉っぱの葉柄だと述べております。斎藤先生が指摘されたような女性性器と考えるべきか、またanal（肛門の）と考えられるか確定はできませんが、いずれにせよ、その部分は回避したい部分であるらしく……D領域の真中を選択いたしますが、投影された動物のイメージ象であり、鼻の長い動物になって、これもまあphallic（男根の）なシンボルを付けているわけです。……

カードⅧでは初めてカードを横にいたしまして上下のピンク領域から反応します。……

トカゲの反応ですが、……この場合の表現の仕方が反復しながら初めての反応では尾を指摘してトカゲの特徴とし、次の反応では尾を切り放して頭部だけであると強調し、……そこに固着しているわけですから、尾っぽへの関心、anal（肛門の）な問題へのとらわれが解釈しうるのではないかと思います。……

anal（肛門の）なテーマにこだわった挙げ句にⅨでは火の反応になります。……ここでは圧倒的な力と性的な興奮という風に解釈できるかと思います。……

最後のカードⅩですが、4番目の反応におしべという反応があり、おしべめしべとしての性的なテーマを述べています。……

この方は、……強迫行為よりは、強迫思考に悩みつつも、一方ではファンタジーによって自我を支えている強迫神経症者だと考えることができます。……

この人の問題は何かというと、sexual（性的）な問題を抱えている人であって、それは発達初期の母子分離に起因するように思います。……その攻撃性の抑圧が引きこもりと感情の抑うつをもたらしている人ではないかと思います。

秋谷の頭に去来するのは男根シンボルや性的なイメージばかりである。彼女の結論は、引きこもりや抑うつのある強迫神経症の患者らしい。しかし、これも大外れである。

空井健三のタネ明かし

シンポジウムの記録から、空井の人物像のタネ明かしの発言を同様に引用しておく。

タネ明かしですか。あまりタネ明かしする必要はないんですが。……皆さんのおっしゃったことは基本的にいうと、みんな合っていて、それぞれ立場が違うんだという感じがするわけです。……

まず生活歴の方から申しますと、昭和3年生まれ。開業していた歯科医でございます。……

大学卒業後、先輩の歯科医院を3カ所勤務し、次いで妻の実家から借金して開業した。しかし、間もなく某料亭の女中と情を結ぶようになり、本妻との間にもんちゃくが絶えず、……ついには愛妾のもとで生活するに至った。このため、……健康保険の診療報酬は本人の手に入らず、内妻との生活費に窮し、昭和34年4月友人から100万円借りたのを皮切りに次々と借金を重ねるようになった。かかる苦境にもかかわらず、フランス製の新車ルノーの購入や、内妻との新しい住宅の借り入れなどもしている。……事件を起こすときの借金の額はその当時にして約180万円に達していた……。

多額な負債に苦しんでいた彼は、裕福な家庭の児童を誘拐し、身代金を獲得しようと計画し、昭和35年5月16日に……慶応幼稚舎2年生M君を……自家用車ルノーに乗せ、自宅に誘拐した。以後、公衆電話を用いて何回も強迫したが、いずれも金品の受領の機会を失い、すべて失敗してしまったわけです。

誘拐してから数回にわたって子供には睡眠薬を飲ませ、……事実の詳細を報道した新聞の記事を読んで非常に狼狽し、依然睡眠を続けている同人の呼吸など衰えて、脈拍も微弱であることに気づき、もはや同人を殺害するにしかずと決意し、ガスを同室に放出し、まもなく同人を一酸化炭素中毒のため死亡させた。……死体を川底に沈め隠蔽しようと企て、……警察官に追跡されていると感じ、狼狽のあまり道に迷い、死体を車ごと路上に捨てた。……

5年前のロールシャッハ・テストというのは精神鑑定時にされているという特殊な状況でございます。で、私がこのテストを致しましたのは、この人が死刑の判決を受け、その後に拘禁反応という特殊な心因反応を起こしたからというわけであります。その症状は拘禁反応の亜昏迷状態であると、それから犯行及び自分に都合の悪いことは忘却していると、つまり心因性の健忘がありまして、……生命の維持に必要な食事、排泄、身辺の清潔、入浴などは適切に行なっていると。拘置所での長期にわたった緘黙（かんもく）状態は治療を始めてわずか一日で中止した。詐病的、作話的傾向も除外はできないという様になっておりまして、……1カ月くらいで拘禁反応の方は治っています。

■雅樹ちゃん誘拐殺人事件

これは「雅樹ちゃん誘拐殺人事件」の犯人、本山茂久の事である。松山大学法学部田村譲教授のホームページ[*5]には次のように簡潔にまとめられている。

1960（昭和35）年5月16日朝、東京銀座の天地堂カバン総本店社長で世田谷区に住む尾関進さんの長男雅樹ちゃん（7歳、慶応幼稚舎2年生）が登校途中で誘拐され、殺害された事件。犯人から数回にわたり身代金300万円を要求する電話があり、家人が犯人の指定場所に金をもっていったが犯人はあらわれず、19日杉並区上高井戸の路上に乗り捨ててあった自動車の中で死体で発見された。死因はガスによる毒殺。

自動車の持ち主で同区上荻窪に住む歯科医師本山茂久（32歳）が指名手配され、7月17日大阪・布施市で逮捕された。妻への別居慰謝料や家賃の支払いなど金に困った末の犯行とわかった。これまでにも営利目的の幼児誘拐事件はしばしばあったが、殺害に至るのはまれであり、世の怒りをかった。殺害の引き金になった契機が、新聞報道による精神的圧迫であったと犯人の本山が自供したことから、誘拐事件に関する報道（誘拐報道）には、人命優先の観点から作られた自粛協定の遵守が確認され、以後協定は守られるようになった。

一審判決は死刑。1966年8月、控訴棄却。1967年5月、死刑確定。この判決後から本山は精神に異常をきたし、幻聴・幻覚に悩まされ、食糞症状まで見せたという。ロールシャッハ・テストはおそらく1967年に実施されたと思われる。1971年に刑が執行された。

どこが当たっているのか

被験者は空井の説明によれば死刑になった誘拐犯である。もし、本妻が離婚を承諾していれば借金地獄に落ち込んで犯罪者となることはなく、女性関係に問題があるにしても裕福な歯科医として一生を送ったはずである。性倒錯の兆候はまったく見られない。拘禁反応を起こしたためロールシャッハ・テストを実施したが、緘黙状態は1日で治癒しており、詐病的、作話的傾向も除外できないとあるので、基本的には正常者である。

3名の著名な臨床家の診断を振り返ってみよう。斎藤は性倒錯、馬場は抑うつ感が強く、男性性不全、アルコール依存、対人恐怖のある神経症者など、秋谷は性的な問題を抱えた強迫神経症

＊5：http://www.cc.matsuyama-u.ac.jp/~tamura/60nenndai.htm

者と、それぞれ見当外れな結論を下している。

男根表象について、斎藤は、こけし、ビン、花粉、おしべ、鶴の首、トカゲの頭、これらはすべて男根表象で、これだけでテスト全体を被い尽くすという。馬場も基本的にこれに同意し、イメージに毀損感が伴っているので、依存退行願望があるという。秋谷も男根表象に固執し、不安を引きこもることによって防衛しているという。果たして被験者は男根表象に固執しているのだろうか。むしろ、3名の参加者たちの男根表象への固執の方が強い印象を与える。

謎は簡単に解ける。被験者の社会生活は昭和35年にピリオドが打たれていた。昭和30年代の裕福な歯科医の生活を想像してみればいい。その当時にフランス製の新車を乗り回していたのだから、全国各地に旅行もしたはずだ。昭和30年代の全国の観光地のみやげ物として有名だったのはこけしである。こけしはきっと立派な飾り棚にたくさん飾られていたにちがいない。自己顕示欲求も相当強かったから、サイドボードにはシャンペンもあっただろう。かなりの収入がなければ、昭和30年代に外車に乗り、こけしを集め、シャンペンを飲むことなどできなかったはずだ。いわば、こけしやシャンペンは富の象徴である。男根表象など見当外れもいいところである。

実は、正確に記号化して、整理、計算すれば、初心者でも、正常者、神経症者、精神病患者の区別くらいはできる。人格の統合水準を客観的に測定する指標として修正BRS得点がある。研究[*6]によると、正常者では修正BRS得点は必ず0点以上だった。この事例の我々のコンピュータ出力によれば、修正BRS得点は7点である。正常者と判断して、間違いはない。日本では、上記の3名がロールシャッハの専門家として、長い間、あがめられてきた。これはどこか、狂った状況である。3名の「めくら分析」は大外れだった。このことに気づかないはずはない。その証拠に「めくら分析」のシンポジウムは、これが最後となった。必ず外れる分析など、したいとは思わないだろう。

日本ではあまり知られていないが、アメリカではかなり以前からロールシャッハ・テストの妥当性について、批判的意見がある。テスト研究者として有名なアナスティシの言葉を、この3名に捧げることにしよう。

インクのシミが明らかにするのは、唯一、それらを解釈する検査者の秘められた世界である。これらの先生方は被験者のことよりも自分自身のことをたぶん多く語っている（アナスティシ、1982年）。[*7]

著者らのロールシャッハ自動診断システム（ver.6.1）の解釈結果も以下のページの図3・3に参考までに掲げておく。

＊6：村上宣寛・村上千恵子「ロールシャッハ・テストの自動診断システム」計量行動学、1989、15、2、22―31。
＊7：http://deltabravo.net/custody/rorschach.htm

==

ロールシャッハ自動診断システム　ver. 6.1

システム開発：村上　宣寛
臨床的貢献　：村上千恵子

==

処理年月日 2005/02/04
　　時　刻 9:46:46

[　被験者の記録　]

ファイル：C:¥My_Documents¥日経BP¥ｼﾝﾎﾟ84

氏　　名：sym84
性　　別：MALE
年　　齢：38 歳
実 施 日：
実 施 者：
住　　所：
学　　歴：
職　　業：
婚姻状態：
兄弟姉妹：
主 症 状：

異なった図版に対する同一内容の反応：	(1) 0-2回	(2) 3-4回	(3) 5回以上	No.1
作話、混交、不合理反応など病的表現：	(1) 0回	(2) 1回以上		No.1
喧嘩、取り合い、戦闘行為などの反応：	(1) 0-1回	(2) 2回以上		No.1
「死んだ」、「幽霊」など不快な反応：	(1) 0-2回	(2) 3回以上		No.1

　この「ロールシャッハ自動診断システム」はクロッパー法、片口法の暫定的な標準化資料を基に作成されたものである。被験者集団は大学生、および、一般成人を中心として構成されているので、このシステムは成人用である。自動解釈は客観的で、経験的な法則に基づいて構成されているので、被験者の人格構造を理解するための有用な情報が提供される。しかし、自動解釈が個々の被験者に完全に当てはまるわけではない。ここで提供される情報は仮説的なものであり、熟練した検査者によって確認される必要がある。従って、自動解釈レポートは秘密とし、患者に直接見せてはならない。

図3・3　ロールシャッハ自動診断システムの実行結果

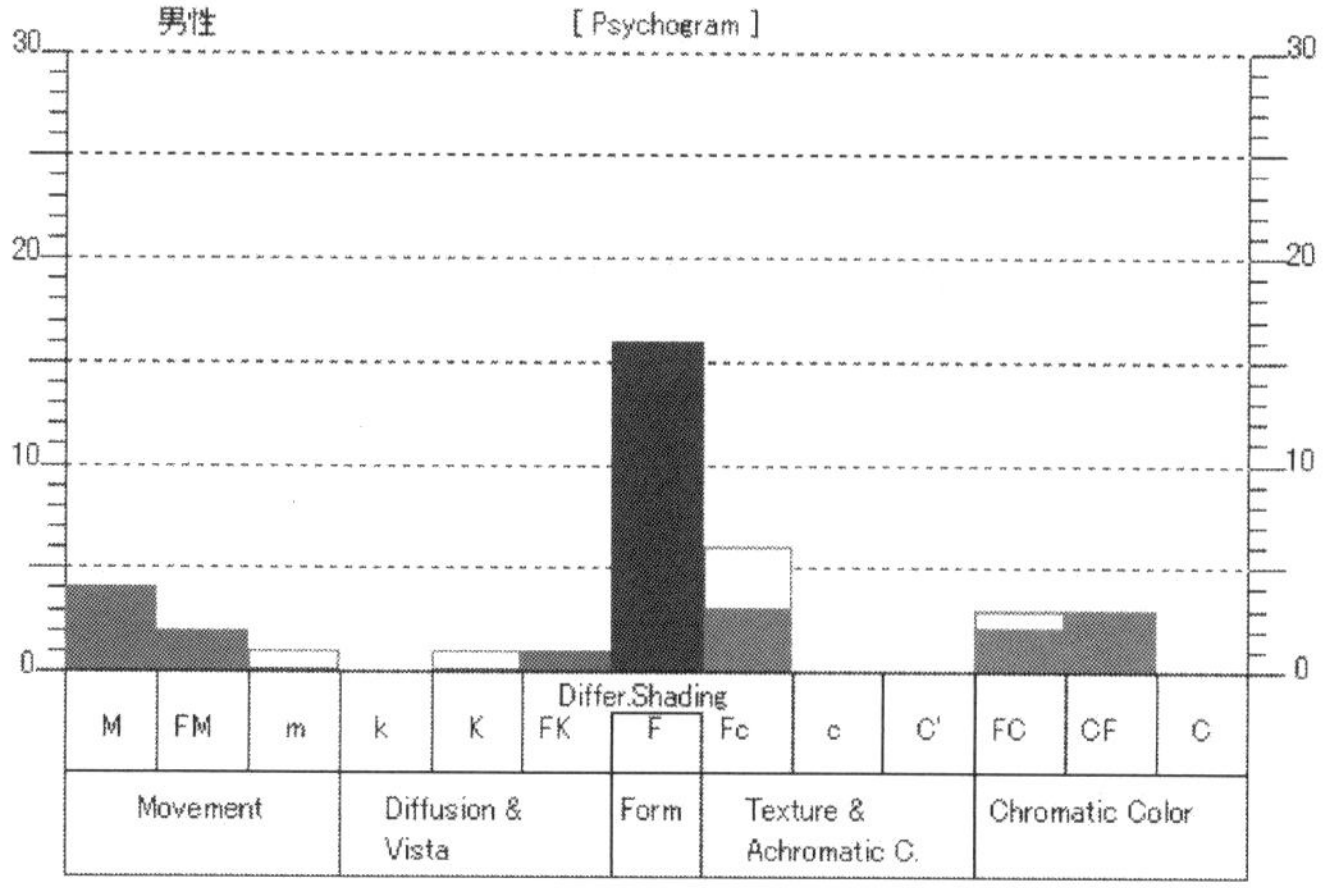

[　自動解釈　]

<<　知的生活の特徴　>>

把握型はＤ＋ｄ型とＤｄ型が結合している。インクブロットの部分に注目するが、全体を組織化しようとはせず、具体的、実際的、日常的な思考方法をする。環境に対する豊かな感受性や鋭い関心、独創性を表すが、全体的な状況からの逃避である可能性もある。一般的には、厳格過ぎたり、批判的過ぎたり、あるいは、些細な事に拘り過ぎる傾向がある。これらは潜在的な不安と結び付いている可能性もある。また、独断的思考が目立ち、他人との意志の疎通に問題を生じやすい。些細な事柄に拘泥する強迫的傾向を示す場合がある。広い曖昧な領域からの逃避であり、背後には不安や自信の無さが考えられる。問題点としては、個人的な欲求が知覚をゆがめる場合がある。

知的生産力も知的能力も共に普通程度と考えられる。人間に対する関心や、知的な感受性はほど良い状態であり、複雑で微妙なニュアンスを知覚することができる。知的機能や洞察力、内省力については普通であり、潜在的な適応能力が認められる。ただし、野心が乏しく、潜在的な能力はまだ発揮されていない。他の人と同じ考えを持ちたいという欲求は普通であるが、常同的な思考は目立たない。なお、興味の巾や、知的関心、生活空間の広さは普通である。

<<　内的資質と衝動性　>>

体験型は正常範囲を超えた色彩型である。現実からの刺激に敏感に反応し、外的生活を重視しすぎる。紋切型の知能や模倣的能力はあるが、内的生活は充実せず、情緒が不安定で、自分の感情を外部に表出し、衝動的な行動に走りがちである。この傾向は他の指標からも確認される。なお、この傾向は生来的ではなく、環境によって変化すると考えられる。

内的資質は一般的に良好で、緊張が生じた時、自己の内部に退いて、衝動的な行動を避ける能力がある。また、日常生活の問題を建設的に解決するために内的資質を有効に利用できる。

図3・3　ロールシャッハ自動診断システムの実行結果（続き）

衝動性を自分の価値観に基づいて受容し、統制を加えている。衝動性の認識と自分の価値観との関係が適当であり、過度の内的葛藤を持たないので、自己の満足を延期する能力があり、一般的には成熟していると考えられる。自分の環境の陰鬱な面をうまく処理できず、抑鬱感情に耐えられないか、あるいは、情緒的混乱からの回復がやや遅い傾向がある。

現実に適応する能力はあり、情緒的刺激や葛藤を処理する自我の強さがある。一応、自分の感情表現を統制しようとしている。ただし、神経症的収縮が見られ、情緒的な自発性が侵されている。

<< 環境への情緒的反応性 >>

外的環境が変化すると、気分が動揺し、知的機能が容易に混乱しやすい。外的環境の情緒的刺激に対する反応性は強すぎるが、その精神生活に占める比率は普通である。

新しい事態に直面した場合、情動的な混乱に見舞われる可能性があるが、その混乱から立ち直れる能力がある。状況の変化に対処する時間は標準的であり、現実吟味力や判断力は適切である。外界からの困難な情緒的刺激を適切に処理する能力に問題があるが、顕著なものではない。

<< 対人関係の特徴 >>

対人関係についての関心はほど良い状態である。また、対人関係で適応していく潜在的能力はある。ただし、他人の愛情に依存したり、注目されることへの関心が強い、ということがある。

愛情欲求についての意識が強すぎるため人格の安定性が脅かされ、他人からの反応に依存しがちで、行動は他人の強い影響を受ける。心理的な外傷体験のために、他から傷つけられることを恐れて引っ込み思案の状態であり、小心で、情緒的場面への自然な反応を禁止したり、抑制しすぎる傾向がある。愛情欲求の不満から生じる不安に対しては理解し、耐えていこうとする内省的努力がある。

厳しい男性や父親と適切な関係を持つ能力がある。優しい女性や母親と適切な関係が持てない傾向があるが、極端ではない。顕著な性ショックは認められないので、性的適応は良好と考えられる。

<< 人格の統合水準 >>

人格の統合水準は適応良好水準で、環境への適応能力も優れているので、健全な社会生活を営むことができる。全体として人格はよく統合されている。

[Used Rule No.]
14 22 27 34 40 42 45 48 51 53 57 60 70 76 77 82 86 89 92 106 1
15 121 122 123 127 132 137 149 158 161 162 163 169 174 178 179 180 186 187 188 194
195 196 202 238 254

出力ファイル名：C:¥My_Documents¥日経BP¥ｼﾝﾎﾟ84.AI

<< End of Report >>

*記号化リスト、基礎整理表、要約表は省略してある

図3・3 ロールシャッハ自動診断システムの実行結果（続き）

どこが本質的に問題なのか

２００１年「日経サイエンス」という雑誌に、「あてにならないロールシャッハ」というタイトルで、ロールシャッハ・テストや描画法などに対する激しい批判が掲載されていた。[*8] 一般向けの雑誌なので、記事のインパクトは不足だったが、アメリカの注目すべき動きとして記憶にとどめておいた。

２年後、「あてにならないロールシャッハ」の著者名をキーワードに、インターネットで検索をかけてみた。すると、「ロールシャッハ・テストのどこが問題か」というタイトルで、本格的な批判書[*9]が発行されていた。普及書ではあるが、かなり専門的な内容も含まれていた。日本で〝世界標準〟とあがめられているアメリカのエクスナ法が、無惨なほど批判されていた。一番、驚いたのは、出版社は有名なワイリーで、４４６ページの分厚い洋書がＡｍａｚｏｎ．ｃｏ．ｊｐ

＊８：リリアンフェルド，Ｓ．Ｏ．・ウッド，Ｊ．Ｍ．・ガーブ，Ｈ．Ｎ．（著）木島伸彦（訳）「あてにならないロールシャッハ」日経サイエンス、２００１、８、98―１０６．（Lilienfeld, S.O., Wood, J.M., & Garb, H.N. What's wrong with this picture? *Scientific American*, 2001, 284, 80-87.）

＊９：Wood, J.M. Nezworski, M.T., Lilienfeld, S.O., & Garb, H.N. *What's wrong with the Rorschach?* New York: John Wiley & Sons.2003.

でたった2400円ほどだったことだ。奥付によると、ジェイムズ・ウッドとテレサ・ネズワースキーはテキサス大学の心理学の準教授、スコット・リリアンフェルドはエモリー大学の心理学の準教授、ハウァド・ガーブはピッツバーグ大学の精神医学の準教授だった。著者たちはすべて準教授である。つまり、若手の身分の不安定な準教授たちがロールシャッハ・テストを容赦なく批判した書物が大量に売れている。それなのに、日本の臨床心理学の専門家は知らぬ振りである。都合が悪過ぎるということだ。

〝世界標準〟とされるエクスナ批判の潮流

ウッドたちによると、〝世界標準〟のエクスナ法に関する文献は、大部分がロールシャッハ・ワークショップの研究に基づいている。しかし、ほとんどの文献は未公刊で入手できなかった。エクスナの本にはデータ収集時の手続きや研究法がほとんど書かれていない。また、エクスナの研究計画や統計法には誤りがあり、違う場所で行った同一のワークショップでは、本ごとに数字が違うし、同じ本の中で数字が違うこともある。エクスナの研究は、違う研究者が行うと、まったく違った結果になり、再現性がない。

エクスナ法批判は1990年代中頃から始まったが、エクスナと異なる結果は1980年代に行われた大学院生の論文に端を発する。

●1980年、セント・ジョウンズ大学のルイス・アロンは、過去1年にひどいストレスを受けた大学生と、ほとんどストレスを受けなかった大学生の2グループに、ロールシャッハ・テストを実施した。エクスナ法では刺激体験es[*10]と差得点（現実体験EA[*11]－刺激体験es）の両方で違いが出るという予想だったが、両グループの得点差はまったくなかった。

●1985年、テキサス大学のウィリアム・ホワイトヘッドは、ミネソタ多面性格検査MMPIとロールシャッハを背中の痛みを訴える患者、統合失調症患者、躁うつ病患者に実施し、その記録を臨床経験の豊富な心理学者と、よく訓練された大学院生に送って診断させた。MMPIかロールシャッハのどちらかを基に診断すると、診断の的中率は偶然レベルよりも大きかったが、ロールシャッハの結果は劣っていた。両方のテストを利用して診断すると、MMPI単独の時よりも的中率が下がった。

●1989年、ローヤラ大学のジョージ・マイヤーは、大学生265名のロールシャッハ・テストのデータを分析した。その結果、反応数がロールシャッハ・データの変動に大きく

＊10：動物運動反応、無生物運動反応、純粋無彩色反応、純粋材質反応、純粋拡散反応、純粋展望反応の合計数。
＊11：現実体験EA（人間運動反応と色彩反応の重み付け合計）。
＊12：Meyer, G.J. Response frequency problems in the Rorschach: Clinical and research implications with suggestions for the future. *Journal of Personality Assessment*, 1992, 58, 231-244. Meyer, G.J. The Rorschach's factor structure: A contemporary investigation and historical review. *Journal of Personality Assessment*, 1992, 59, 117-136.

関係することがわかった。また、ロールシャッハ・データは他の質問紙の結果とは何の相関も無かった。さらに、大学生のロールシャッハ・テストの変数の平均は、エクスナの基準とは大きく異なっていて、大部分の学生は精神病と診断されそうであった。[*12]

1995年と1996年にエクスナ法に対する重大な批判論文が提出され、何年間も論争が続いた。その内容を以下に紹介しておこう。

検査者でコロコロ変わる

ロールシャッハ・テストはインクのシミ図版を見せて、被験者に何が見えたかを聞くが、テストの後、92ページに簡単に説明したように、反応領域、反応決定因、反応内容などを記号に置き換えて整理する。例えば、最初の図版で「コウモリ」と反応したとする。インクブロット全体に対する反応で、特に色彩や動きを報告しなければ、

W ± F A P

という記号に置き換える。すなわち、反応領域は全体反応W、反応決定因は形態反応F、反応内容は動物反応Aを表す。形態水準は±で、ありふれた反応なので平凡反応Pを追加している。

これは単純な例だが、現実には記号化の手続きは複雑で、多くの記号がある。そうすると、同じテスト結果でも、臨床家によって、異なった記号を付ける場合がある。テストをする度に結果

が違うと大問題である。テストの信頼性に関わる。

エクスナは検査者間で記号の一致率を調べ、0・85以上あり、信頼性は十分であると報告した。この値が無批判に引用されて、エクスナ法は信頼性が高いと信じられてきた。ところが、一致率は信頼性係数ではない。検査者Aと検査者Bの記号の相関係数を計算すべきだった。一致率が0・90でも相関係数が0・05になることがある。言い換えれば、こんな初歩的な統計学もエクスナは知らなかったということだ。

2000年、ハワイ大学の精神科医アクリンらは、患者群と正常者群でロールシャッハ・テストの信頼性係数を求めた。すると、過半数の変数は0・85未満であった。1999年、パシフィック大学のナカタの博士論文も45％の変数は0・85であり、10％の変数は0・61未満であった。同じく1999年、エクスナ法のインストラクターだったカリフォルニア大学のトーマス・シェイファーらによる研究結果はさんたんたるもので、84％の変数が0・85未満であった。

さまざまな研究を総合すると、エクスナ法の半分くらいの変数は0・80以下と思われる。つまり、半分は信頼できるが、半分は信頼できない。すべての変数を総合すれば、ロールシャッハ・テストの結果は検査者ごとに異なり、文字通り〝当てにならない〟ということになる。

さらに理屈の好きな方は――

■信頼性係数の意味

信頼性とは測定値の安定性のことである。実施の度に違った数値がでるような性格検査は信用できない。信頼性が高いとは、精度が高く、誤差が少ないということである。一般的に信頼性係数は

$$信頼性係数 = \frac{真の得点の分散}{測定値の得点の分散}$$

で定義される。信頼性係数は0以上1以下の実数値をとる。分散とは変動の大きさのことである。真の得点の分散は直接測定できないが、テストを2回行って、1回目と2回目の相関係数を計算するか、同一の被験者に検査者Aと検査者Bがテストを行って相関係数を求めると、信頼性係数と一致する。すなわち、**この場合は信頼性係数と相関係数は同じである。**

信頼性係数は真の得点のパーセントと考えていい。信頼性係数が0・8とは真の得点の分散が80％あるということである。残り20％は誤差分散と呼ばれる。

信頼性係数（相関係数）が0・8と0・6と0・3の場合の散布図を図3・4から図3・6に示しておこう。横軸と縦軸は1回目と2回目のテスト結果と解釈すればよいし、検査者Aと検査者Bと解釈してもよい。

信頼性係数（相関係数）が0・8の場合は、かなり強い関係があるが、それでも散布図を見ると、1回目と2回目のテスト結果はかなり食い違う。信頼性係数（相関係数）が0・6だと1回目と2回目のテスト結果の食い違いはさらに大きくなり、1回目に高得点でも2回目はどうなるか予測できない。信頼性係数（相関係数）が0・3だと、1回目と2回目の得点はあまり関係がない。

信頼性係数の大きさはどの程度あればよいだろうか。**一般的には信頼性係数は0・80以上の値が望ましい**。信頼性係数は先に定義したように、測定値に含まれる真の得点の分散の比率を示している。0・80の場合は分散の80％は真の得点だが、20％は誤差であることを示している。測る度に20％もの誤差を出す物差しがあったら、買う人はいないだろう。ところが、心理テストの測定誤差はこんなに大きいのである。

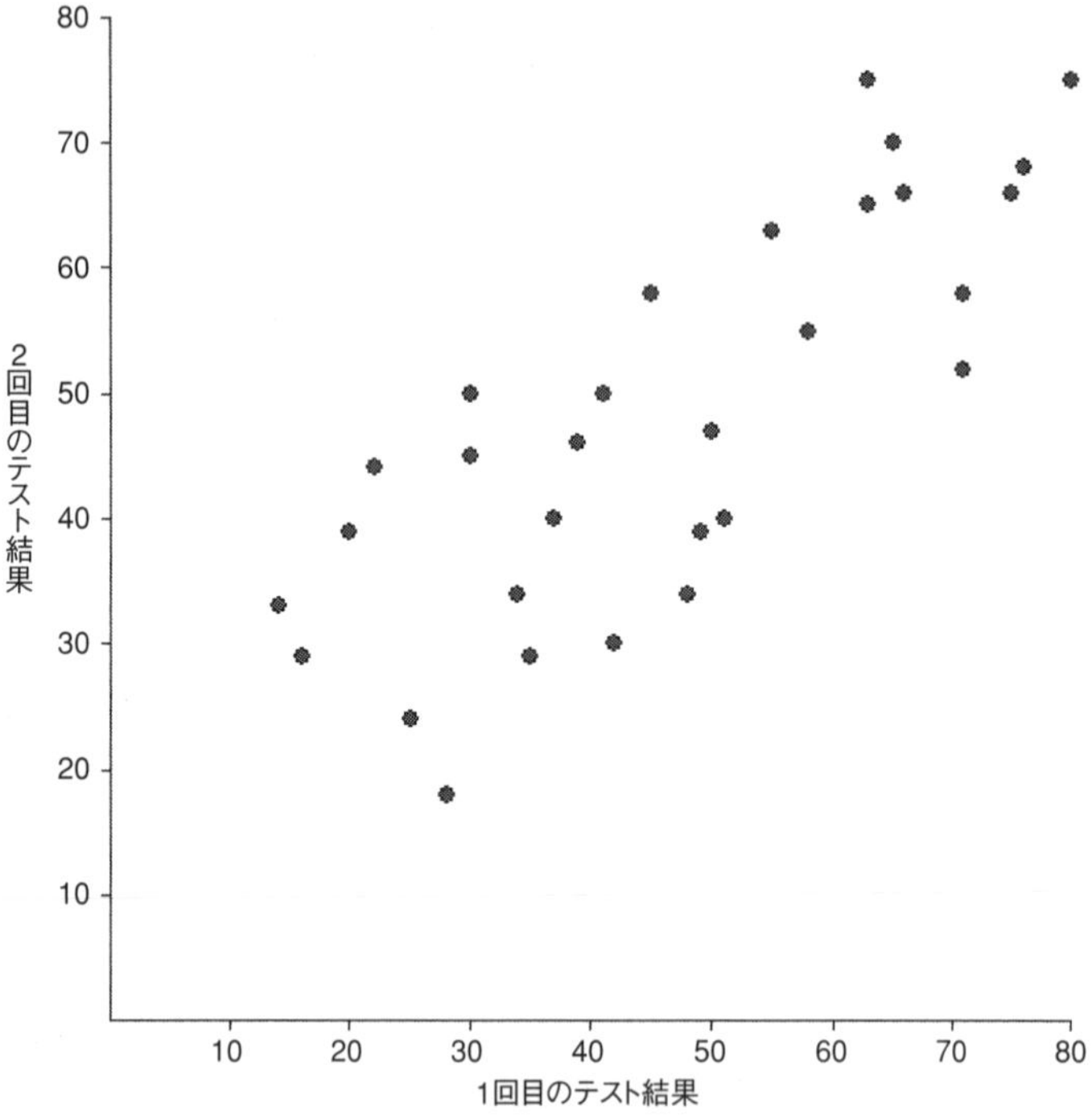

横軸を1回目、縦軸を2回目のテスト結果としよう。被験者の得点が1回目65点、2回目70点、次の被験者の得点が1回目55点、2回目63点、……であると、それぞれの位置をドットで表示すると、関係性が図で示せる。散布図を作成すると、横軸と縦軸の関係性が直感的に理解できる。

図3・4　信頼性係数（相関係数）0.8の場合の散布図

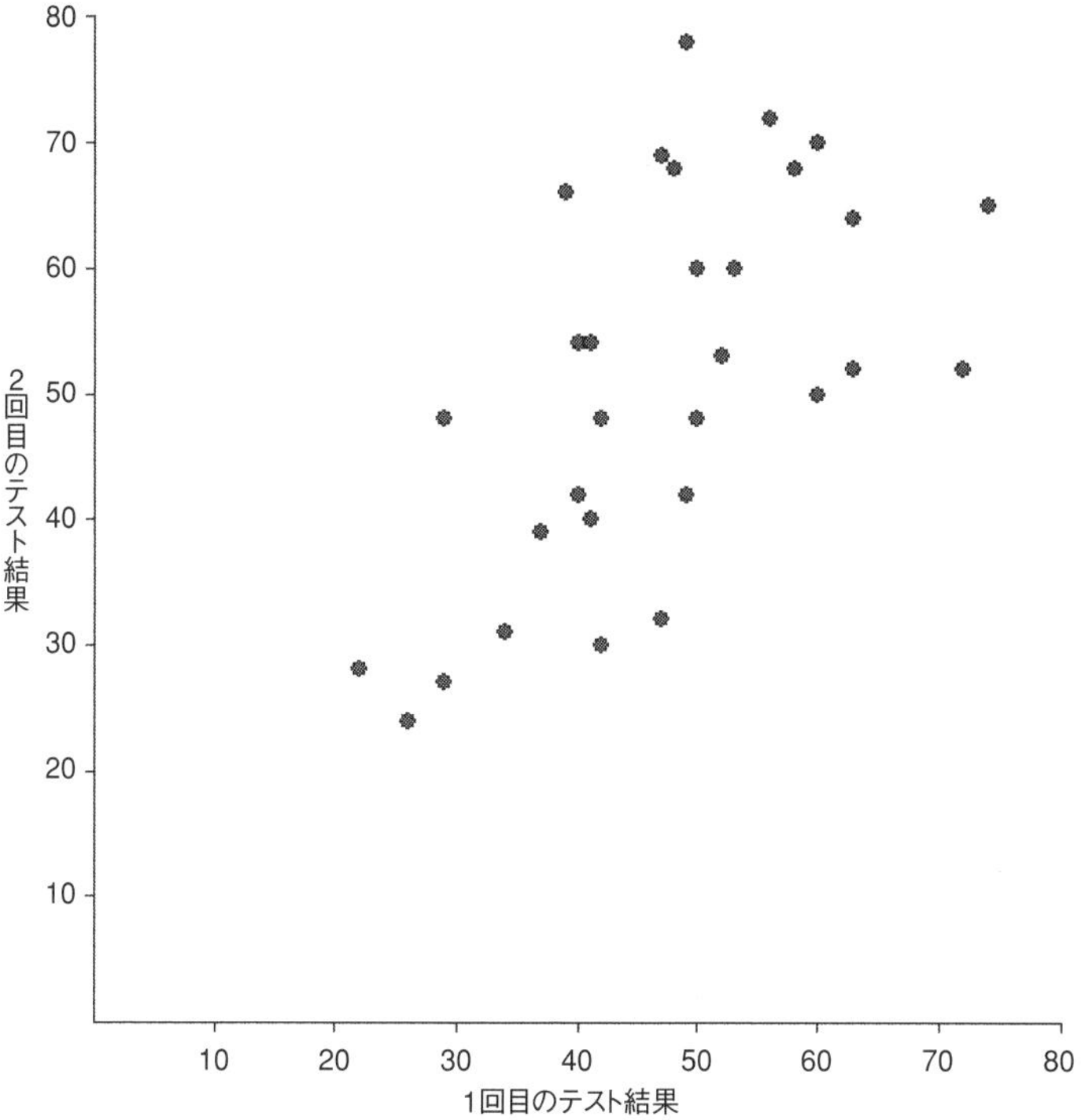

この場合も、横軸を1回目、縦軸を2回目のテスト結果として、被験者の得点をドットで表したものである。0.8の場合と比べると、ドットが全体に広がりがちである。

図3・5　信頼性係数（相関係数）0.6の場合の散布図

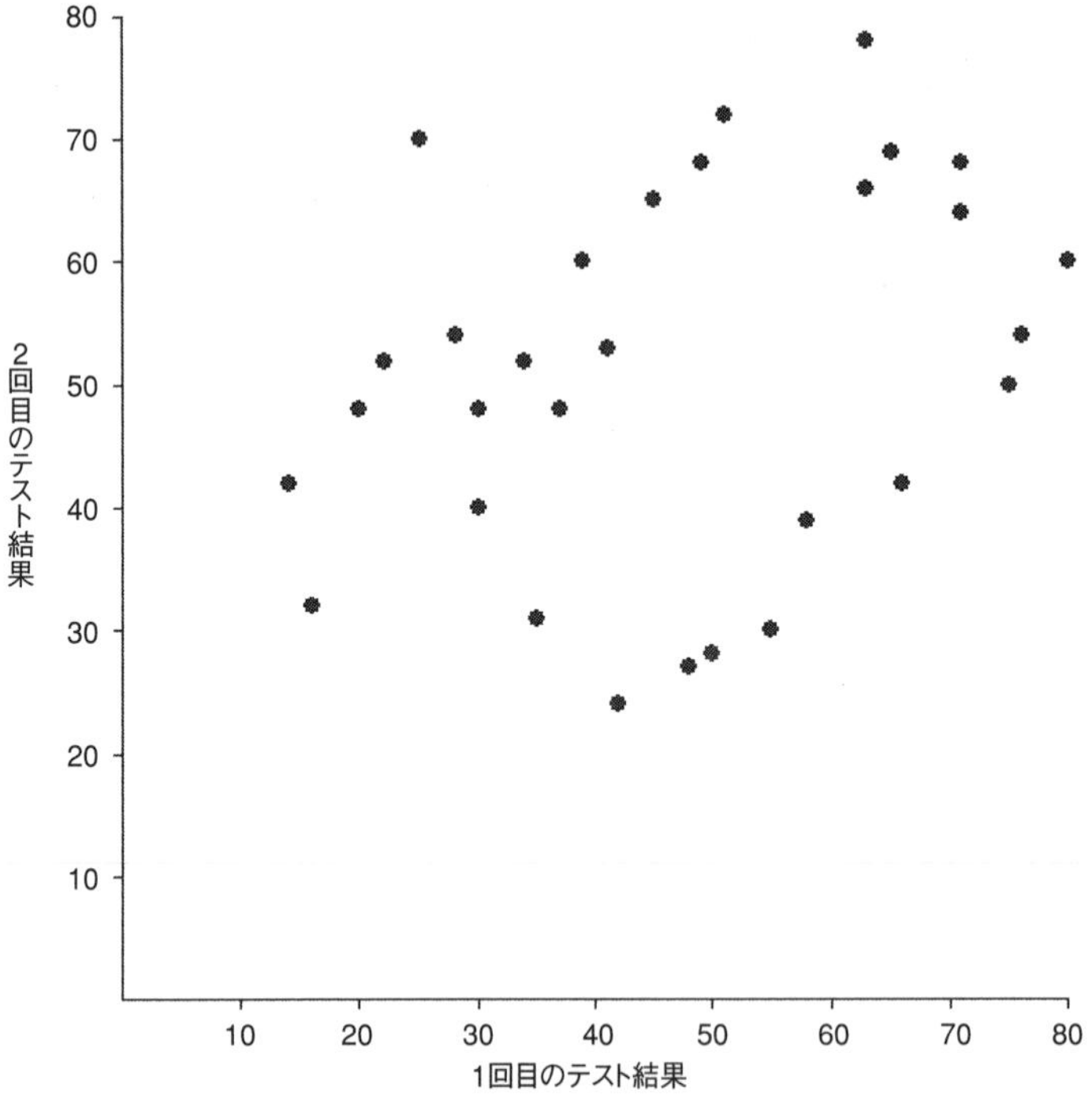

この場合も、横軸を1回目、縦軸を2回目のテスト結果として、被験者の得点をドットで表したものである。ドットが全体に広がってしまい、横軸と縦軸の関係性が小さいことがわかる。

図3・6　信頼性係数（相関係数）0.3の場合の散布図

エクスナの基準と大きく異なった国際調査データ

ロールシャッハを解釈するには、平均的な正常者が各図版にどのような反応をしたのか、反応領域、反応決定因、反応内容ごとに記号化したデータベースが必要である。例えば、反応領域なら、全体反応W、普通部分反応D、特殊部分反応Dd、空白反応Sなどがある。ある被験者のWが30個だったとしても、正常者の平均個数がわからなければ、多いのか少ないのか、判断できない。そのため、正常者数百人規模で、WやDなどの平均値を調査しておく必要がある。これが基準データである。

1999年、アムステルダムで行われた国際ロールシャッハ学会のシンポジウムで、シェイファーとアードバーグは正常者の基準データを発表した。メキシコ、ポルトガル、フランス、イタリア、フィンランド各国の研究者による共同研究であった。結果は衝撃的であった。ヨーロッパ、中央アメリカ、アメリカのデータはほとんど同一であったが、エクスナの基準データとは大きく食い違っていた。

ウッドたち[*13]の追試も、シェイファーらと非常に似た結果となり、エクスナの基準データとは大

＊13：Wood, J.M., Nezworski, M.T., Lilienfeld, S.O., & Garb, H.N. *What's wrong with the Rorschach?* New York: John Wiley & Sons. 2003.

きく食い違った。例えば、自己中心性の指標となる反射反応は、正常者で29％あり、シェイファーらの結果と全く同じであったが、エクスナの7％と大きく異なっていた。

エクスナの点検作業の結果、さらに驚くべきことが明らかになった。基準データは700名の正常者と書かれていたが、実は221名のデータが重複して入力されていた。つまり、479名のデータであった。エクスナはこの事実を2001年末のワークショップで公表した。非難が巻き起こった。臨床家は、10年もの間、間違ったデータで診断していた。

ウッドたちの本からテキサス・ヒューストン医科大学のレイ・ヘイの憤りを引用しておこう。

10年間をどうしてくれるんだ。何百人かの患者が誤診されたはずだ。なぜ新しい基準データに金を払わないといけないのか。費やした何百ドルの金を返してほしい。それと、レポートを書くためにエクスナ法の形式にデータを揃えようと悪戦苦闘した数千時間はどうしてくれるんだ。

エクスナは2001年に基準データを改訂したが、問題は少しも解決しなかった。エクスナのデータは他の研究者の基準データと相変わらず著しく異なっていた。再び、ウッドたちの本からある心理学者との会話を引用しておこう。

「ロールシャッハの結果を、（エクスナのではなく）初めからアードバーグとシェイファーのデータと比べればどうだろうか」とウッドがヒントを与えた。

「もうやったよ」と心理学者は返事した。

「それで、どんなことがわかったかね」とウッドが尋ねた。

心理学者は肩をすくめて不愉快そうに言った。

「誰でも正常者に見えるようになった」


要するに、ロールシャッハ・テストは、エクスナの基準データを使うと、大部分の正常者は精神障害と診断される。一方、アードバーグとシェイファーの基準データを使うと、大部分の精神障害者は正常者と診断される。つまり、正常者と精神障害者が弁別できないテストだ。

それでもロールシャッハ・テストは臨床現場で使われてきた。検査される人は精神的な問題を抱えていることが多いし、神経症や精神病という診断を下せば、当たる確率は高い。昔々、ミールが「求む！　良い料理書」という論文で推論した通り、ロールシャッハ・テストの診断力はまやかしであり、２章で述べたバーナム効果にすぎない。

否定された抑うつ指標

うつ病の罹患率は高く、一生のうち１割から２割の人がかかる。精神障害と分類されているが、こころの風邪と呼ばれるくらい頻度が高い。風邪と同様、たいていは時間がたてば自然治癒に至るが、自殺など不幸な結果を招くことも多い。そのため、うつ病の診断と治療は重要である。

抑うつ指標ＤＥＰＩを、エクスナの１９８６年の分厚い専門書で見てみよう。[*14] 彼は、抑うつ症状を見せる患者約８００名のロールシャッハ記録をコンピューターで分析して、大うつ病とその他の感情障害を区別する変数を七つ見いだした。そのうち、五つの変数でＤＥＰＩという指標を構成した。

エクスナは自信満々に「ＤＥＰＩ＝５なら、結論は明白である。なぜなら、誤ってうつ病と判定される確率はほとんどないからである」と主張した。しかし、すぐに改訂に着手し、１９９０年に15変数が含まれたルール形式のＤＥＰＩの改訂版を発表した。エクスナによると、５点は抑うつの兆候、６点以上は重大な抑うつとされる。非常に複雑なルールだが、それぞれの根拠ははっきりしない。そもそも、素晴らしいヒット率を示したという最初のＤＥＰＩをわざわざ改訂するところが少しおかしい。

ウッドは「事実、過去10年以上のすべての研究は、ＤＥＰＩがほとんど抑うつ状態と関連しないことを示している」と述べている。本当だろうか。少し検索すると、簡単に研究論文が見つかる。

例えば、１９９７年、ウィスコンシン大学のカールソンたちは、[*15] 大うつ病患者20名と、抑うつを伴う境界性パーソナリティ障害の患者20名で、改訂版のＤＥＰＩとコーピング欠陥指標ＣＤＩ

の妥当性（正しさ）を調べた。ＣＤＩはエクスナが新たに作った対人関係の対処能力の指標で、ＤＥＰＩで見逃した抑うつ患者の79％が捕捉できるという。カールソンたちの研究によると、ＤＥＰＩで抑うつと診断されたのは、大うつ病患者で７名（35％）、境界性パーソナリティ障害で４名（20％）であった。ＣＤＩで対処能力なしと診断されたのは、大うつ病患者で７名（35％）、境界性パーソナリティ障害で２名（10％）であった。エクスナは１４００名以上の患者で確認したと主張しているが、どちらもあまりにも的中率が低かった。カールソンたちはＤＥＰＩは出版時の約束を満たしていないし、ＣＤＩは対人関係の対処能力とは何の関係もないと結論を下した。

実際に法廷で活躍しているテランス・カンブル[*16]の「法廷心理学の問題」というホームページを見ると、

エクスナの抑うつ指標ＤＥＰＩは臨床的な抑うつ患者を識別するかもしれない。しかし

＊14：Exner, J. E. Jr. *The Rorschach: A comprehensive system.* volume 1, second edition. New York: John Wiley & Sons. 1986.
＊15：Carlson, C.F., Kula, M.L. & Laurent, C.M.St. Rorschach Revised DEPI and CDI with inpatient major depressives and borderline personality disorder with major depression: Validity issues. *Journal of Clinical Psychology*, 1997, 53, 51-58.
＊16：Campbell, T.W. Issues in forensic psychology: Rorschach technique. http://www.campsych.com/rorschach.htm 1999.

ながら、関連研究をレビューすると、ＤＥＰＩは支持されない。ＤＥＰＩはＭＭＰＩ―２の抑うつ尺度やベック抑うつ尺度などの抑うつの客観的な指標とはほとんど相関がない。と述べている。論争は続いているが、ＤＥＰＩの妥当性の根拠はほとんどないことは確かである。

鏡を見る人はみんな自己中心的なのか

抑うつ指標ＤＥＰＩに組み込まれている自己中心性指標はもっと不確かである。計算の元となるのは反射反応とペア反応という記号カテゴリーで、もともとは精神分析でいう自己愛（ナルシシズム）の指標として考案された。

この言葉はギリシャ神話の美少年ナルキッソスという名前に由来する。彼は多くのニンフから求愛されたが、すべてを退けたために、これを恨んだ一人が復讐の女神に訴えた。ナルキッソスは泉に映った自分の姿に恋し、想いが満たされぬまま、やつれはてて水仙の花に化したという。[*17]

精神分析家に言わせると、水面に映る自分の姿を見る人は自己愛的、自己中心的である。だから、ロールシャッハでも、インクブロットの対称性に基づく反射反応は自己中心性を表す重要な指標だとみなされる。また、二つの物を見るペア反応もありふれているが、インクブロットの対称性に基づいているので、やはり自己中心性を示すものにちがいないとみなされる。

エクスナは反射反応の方がペア反応よりも3倍ほど重要だと考えたのだろう。反射反応の数を3倍し、ペア反応の数を加え、全反応数に対する比率を求めた。これが自己中心性指標である。では、この指標が高いと本当に自己中心的なのか。エクスナの1986年の専門書を見るかぎり、根拠は薄弱である。エクスナは文章完成テストの自己中心性得点と高い相関があったと漠然と報告しているだけである。ところが、文章完成テストは主観的なテストで、アメリカでは妥当性が乏しいと評価されている。エクスナはそのテストと相関が高いと主張しているのだから、自己中心性指標の妥当性が高いはずはない。

事実、ネズワースキーとウッド[*18]は1993年からの研究をレビューし、反射反応やペア反応に基づく自己中心性指標が自己中心性や自尊心と何の関係も無かったと結論を下した。

先のカンブルのホームページ「法廷心理学の問題」でも、

最近、報告されたデータは、エクスナ法を支持しない。理論的な仮定にもかかわらず、それとは反対に、例えば、エクスナの〝自己中心性指標〟は自己への関心、自尊心、ナルシシズムなどの性格特徴と無関係なのは明らかである。

＊17：水谷 智洋「ナルシス」世界大百科事典、平凡社、1998―2000年。
＊18：Teresa Nezworski , & Wood, J.M. Narcissism in the comprehensive system for the Rorschach. *Clinical Psychology: Science and Practice*, 1995, 2, 179-199.

と述べている。

エクスナによれば、毎日、鏡を見て化粧をする女性たちは自己中心的である。私は毎朝、鏡を見てヒゲを剃るので、きっと自己中心的と診断されるだろう。そんな診断を避けるには、鏡を見ないでヒゲを剃る訓練をする必要がある。科学的・世界標準と日本で信奉されるエクスナ法の中身はこんな程度である。

グッバイ、ロールシャッハ！

効率の悪さでも落第

心理テストでは、妥当性、信頼性とともに、どのくらいの手間がかかるかという効率性も重要だ。ロールシャッハ・テストには、実施から解釈まで通常どれくらいの時間が必要か。日本にはしかるべき調査がないが、オーダム[*19]によると、実施だけで平均1時間20分（最低34分、最高3時間27分）、解釈レポートを作成するまで、平均4時間（最低2時間、最高9時間）が必要である。つまり非常に効率の悪いテストである。

ロールシャッハ・テストの妥当性がすべて低い訳ではない。ウッドたちも知的水準の推定と統合失調症の診断にはある程度の妥当性があると認めている。

しかし、何故、ロールシャッハ・テストで知能を推定しないといけないのか。ロールシャッハ・テストの実施と整理には4時間もかかる。妥当性係数は最大でも0・3程度である。知能の推定なら知能検査でいいはずだ。ウェクスラ式知能検査の簡易実施法なら10分もあれば、かなりの正しさで知能の推定ができる。

統合失調症の診断にはロールシャッハ・テストよりMMPIの方が良いという多くの研究がある。MMPIは566項目と多過ぎるので、250項目のMINIや124項目のMINI―124を使えばよい。せいぜい20分前後しかかからない。診断は正確だ。

ロールシャッハ・テストは抑うつが診断できないが、MINIやMINI―124の診断力は申し分がない。抑うつ症状の把握ならベック抑うつ質問票がある。[*20] ロールシャッハを使う必然性はどこにもない。

＊19：Odom, C.L. A study of the time required to do a Rorschach examination. *Journal of Projective Technique*, 1950, 14, 464-468.

＊20：村上宣寛・村上千恵子「臨床心理アセスメントハンドブック」北大路書房、2004年。

ロールシャッハ産業は途方に暮れている

日本には二つのロールシャッハ学会がある。「日本ロールシャッハ学会」と「包括システムによる日本ロールシャッハ学会」である。いずれも10年に満たない学会だ。後者はエクスナ法限定である。閉鎖的な学会なので、中でどのようなことが行われているか、部外者にはわからない。ただ、大部分の学会員がロールシャッハ・テストは科学的で、診断力があると信じていることは確実だ。学者の偏差値も低下して久しい。英語の本が読める人は少ない。ウッドたちの本を読んだ人はどれくらいいるだろう。大学教授だから賢いとは、決して思ってはいけない。

さて、インターネットのウェブ上の論文から、マッキンゼイとカンパーニアのお別れの言葉をプレゼントしておこう。

現在、ロールシャッハ産業は途方に暮れている。当事者も批判者も、基準データと変数のいくつかは利用価値がないことに気づいたところだ。今や批判者は研究論文はすべてメチャクチャで破棄すべきだと議論している。ロールシャッハ産業は、研究、教育、患者の記録に多大な時間を費やしたくないので、まだ、救える物はないかと試みている。基準データはもう一度処理され、記号の正確さを増す努力は行われている。しかしながら、ロールシャッハのエクスナ法についての研究論文が集まるとしても何年もかかる。ところで、ロー

我々は「そんなテストを誰が使うのか？　誰が金を払うのか？」と問う。[*21]

＊21：McKinzey, R.K. & Campagna, V. Author's update to "Rorschach interscore agreement". *WebPsychEmpiricist* http://home.earthlink.net/~rkmck/vault/Rorinterscor/mckau.pdf 2004.

第4章

定評ある性格テストは大丈夫か

矢田部ギルフォード性格検査

性格心理学の授業で

YG、MGともにギルファド検査の抜粋

「さて、今回は定評のある心理検査がどんなものか、しっかり体験してもらいます。今日はYGとMGです。YGはよく教科書で紹介されています。やったことがある人がいるかもしれませんが、もう一度、受けてもらいます。同時にMGも受けてもらいます。ここがミソですね」

学生達はおしゃべりをやめて、ようやく頭を切り換えようとする。しかし、まだ頭は働いていない。数人はおしゃべりを続けている。こちらがもう少し説明を続けると授業用の頭に転換する。

「YGの正式名称は矢田部ギルフォード性格検査です。矢田部もギルフォードも人の名前ですね。ただ、本来ギルフォードとは発音しません。発音通り教科書ではギルファドと書いています。半世紀前に京都大学の矢田部達郎という人がギルファドの性格検査から質問項目を抜粋して、それを関西大学の辻岡美延という人が整理して120項目にまとめたものです。YGは何年か前まで、富山県の教員採用試験の適性検査として使われていましたし、就職の適性検査にもまだ使われています。だから知っておいたほうがいいですよ」

教員採用試験という言葉を聞くと途端に真面目な表情に変わる。おしゃべりを続ける学生はい

ない。続いて話題を転換する。

「ＭＧの正式名称は、本明ギルフォード性格検査。早稲田大学の本明寛という人がやはりギルフォードの性格検査から抜粋して作ったものです。こちらは、１５６項目と質問が少し多いですね。本明という人は、かなり昔から心理テストの世界で活躍しているんですが、どうも仕事が信頼できないという印象があるんです。大昔にはロールシャッハの本を出版しているんですが、オリジナリティが無かったし、その後、ＴＡＴ[*1]に取り組んで、早稲田式ＴＡＴ図版という物も販売しているんです。今は誰も使っていませんね。アメリカの原版の方が圧倒的にきれいで芸術的なんです。その後、ＹＧの類似品を作ったんです。20年遅れで、作り方はまったく同じ。基本的に質問紙法をあまりわかっていないんでしょうね。ただ、頭の切れる人で、時流には敏感なんです。10年ほど前にはストレスの有名な本を翻訳しています。ただ、開けてびっくり。引用文献をばっさり削った日本版を出版しています。調べようとしても文献が探せないし、翻訳も意味がわからない個所がある。結局、原著を読まないとわからないという素晴らしい翻訳です。今では日本健康心理学会の会長。すごーく偉い人なんだけど、研究者としては疑問に思っています」

ここまで一気に話すと学生の集中力が続かない。表情が緩んでしまう。実際の心理テストの作

＊１：絵画統覚検査。映画の場面のような絵を10～20枚見せて、被験者に面白い物語を作ってもらう心理検査。物語を分析してさまざまな欲求が測定できるという。かなり主観的な心理検査。

業に入らないと、いけない。油断すると、おしゃべりが始まる。

「ＹＧとＭＧ、両方ともギルファドの性格検査が基になっています。作り方も同じ、測定内容も同じ、だから同じ結果になるはずなんです。しかし、同じ結果になりますかね。やってみると面白いですよ。やり方は、まあ、表紙を見ればわかるだろうから、見てやりなさいね。私は研究室でゆっくりコーヒーでも飲んでいるから。2種類の検査を終えたら、採点方法のプリントがあるから各自一部ずつとって、採点して整理しておくこと。そうだね。30分くらいしたら戻るよ」

授業を八つもやっていると、手抜き授業をせざるを得ない時もある。性格心理学の授業は、講義をなるべくしないで、性格検査をなるべく多く受けさせている。学生には人気があるし、こちらも楽できるし、双方の利害が一致した授業である。検査用紙を2セット配り、マニュアルから採点方法を抜粋した資料も用意しておく。

ゆっくりコーヒーを飲むというのはウソだ。最近は忙しくてそんな暇はなくなった。空き時間があれば他の仕事や雑用に取り組む。私は二昔前の大型コンピューターで言われた〝時分割システム〟で動作する。不思議に頭の切り換えが速く、同時に複数の仕事を順次進行させる。そして、30分後、ゆっくりと休憩したという顔をして学生の前に現れる。

マルを数えて折れ線を結んで……

勘の良い学生はＹＧの検査用紙ののり付けを開いて、○の数を数えて素点欄に記入中だ。ＭＧ

の素点を数えている速い学生もいる。しかし、数えた後がわかりにくい。YGのプロファイルを描くところでわからなくなり、止まってしまう学生が何人もいる。できた学生に聞けばいいが、そこまで頭が働かない。その上、MGには意味不明の性格類型判定表もある。学生の半分は独力ではできない。手が挙がる。

「せんせーい。数えたんですけど、後、どうしたらいいか、わかりませーん!」と予想通りの発言があった。私はその子に近づき、具体的に指で指示しながら、みんなにわかるように大きな声で説明を追加する。

「○の数を数えて素点欄に記入したら、上のプロファイル欄にD、C、I……の数字があるだろ。自分の素点と同じ数字に○をつける。ゴチック体は男性用、イタリック体は女性用。該当する数字に○をつけると、自動的にパーセンタイルがわかるわけ。つまり、100人のうち自分が何番目くらいかがわかる。最後にD、C、I……の○をつないで折れ線グラフにしますね。これ、何の意味もないけど、習慣みたいなもの。

それと、系統値の算出はわかりにくいので、説明しておきますね。採点法のプリントの右の図を見てください。今、作ったプロファイル欄の○の数を数える訳です。例えば、A系統値ならA1とA2の場所につけた○の数です。B系統値ならE2とD2の所の○の数です。A、B、C、D、Eのそれぞれの系統値を数えて、プリントのプロファイル判定基準を見て、自分がA型とかAB型とか、決めます。まあ、人によっては、どこにも該当しない場合があって、その時は近い型にしておけばいいです。ＹＧの類型は妥当性がほとんどないから気にしなくてもいいですよ」

ＭＧの方はプロファイルを描くだけにさせる。類型判定はあるが、まったく根拠がないし、やるだけ時間の無駄だからだ。その代わり、ＹＧの１から５の段階得点をＭＧのプロファイル欄に書き写してもらう。ＹＧもＭＧも抑うつはＤ、気分の変化はＣとか、性格特性の記号は同じ。ただし、順序とか左右の向きが違うので、書き写す時に注意させる。ＹＧとＭＧの結果を一つのプロファイルにまとめると、どこが一致して、どこが違うかが、わかるというわけだ。

説明してもわからない学生も多いので、この後は個別指導になる。机の間を歩き回り、一人ひとりの結果を確認し、指示を与え、できた結果を見て、ちょっとからかう。両方のテストの整理が済んだ学生は、隣の学生と話し始める。見せ合いごっこも始まる。学生たちは興奮してきて騒がしくなる。授業時間が残り20分近くになると、テキストの説明をするために、静かにさせる。結構、疲れる授業だ。

ゼミ生に試してもらう

心理テストの結果は回収しない。心理テストを体験的に理解させるための材料だからだ。また、レポートの材料でもある。心理テストを受けていなければ、レポートは書けない。長年の間、授業でＹＧとＭＧを同時実施して、どの程度、食い違うかはわかっている。読者のために、ゼミ生のまっさー、ふみほ、くみこの３人にモルモットになってもらおう。

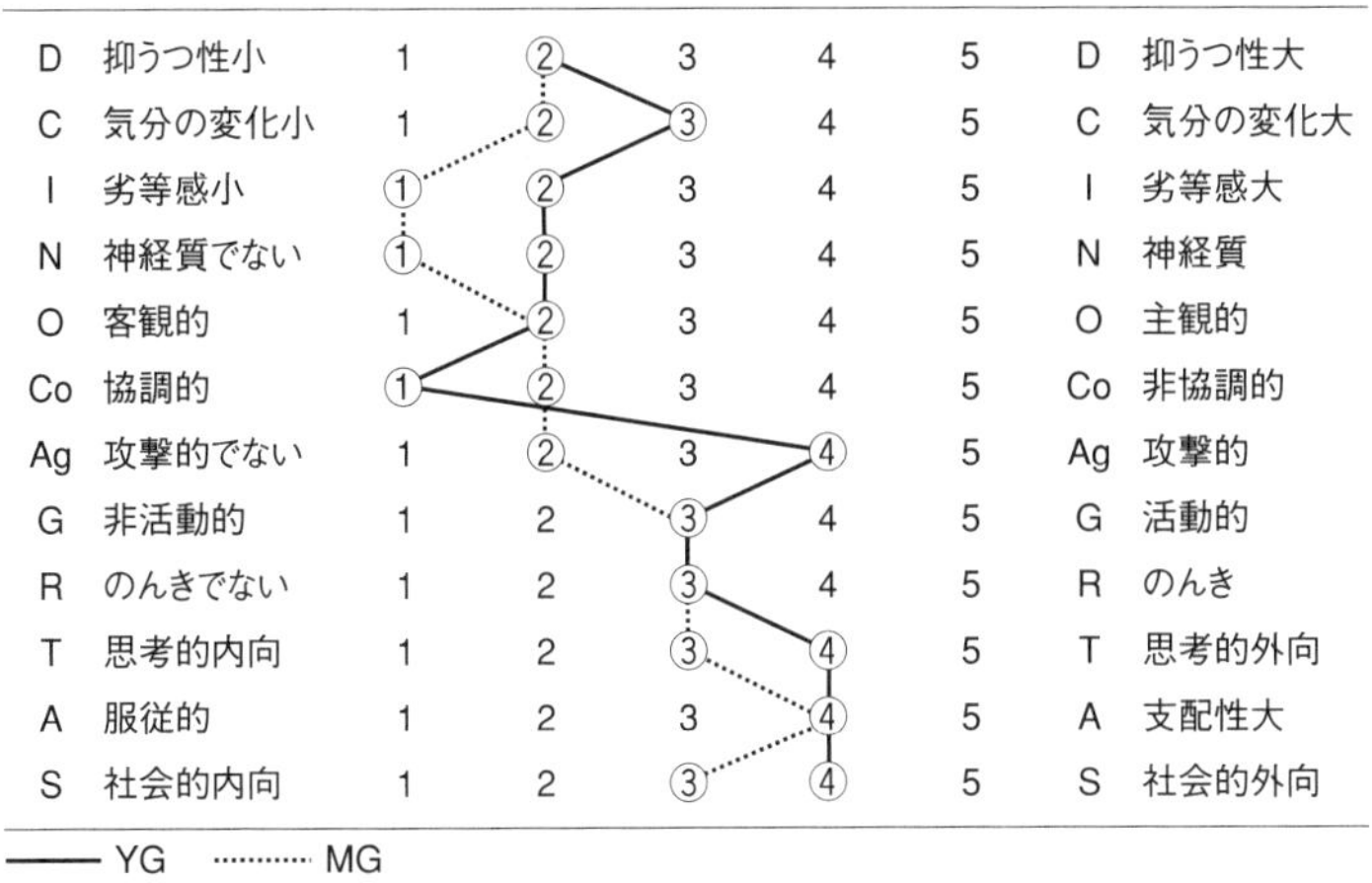

図4・1　YG及びMGの例1「まっさーのプロファイル」

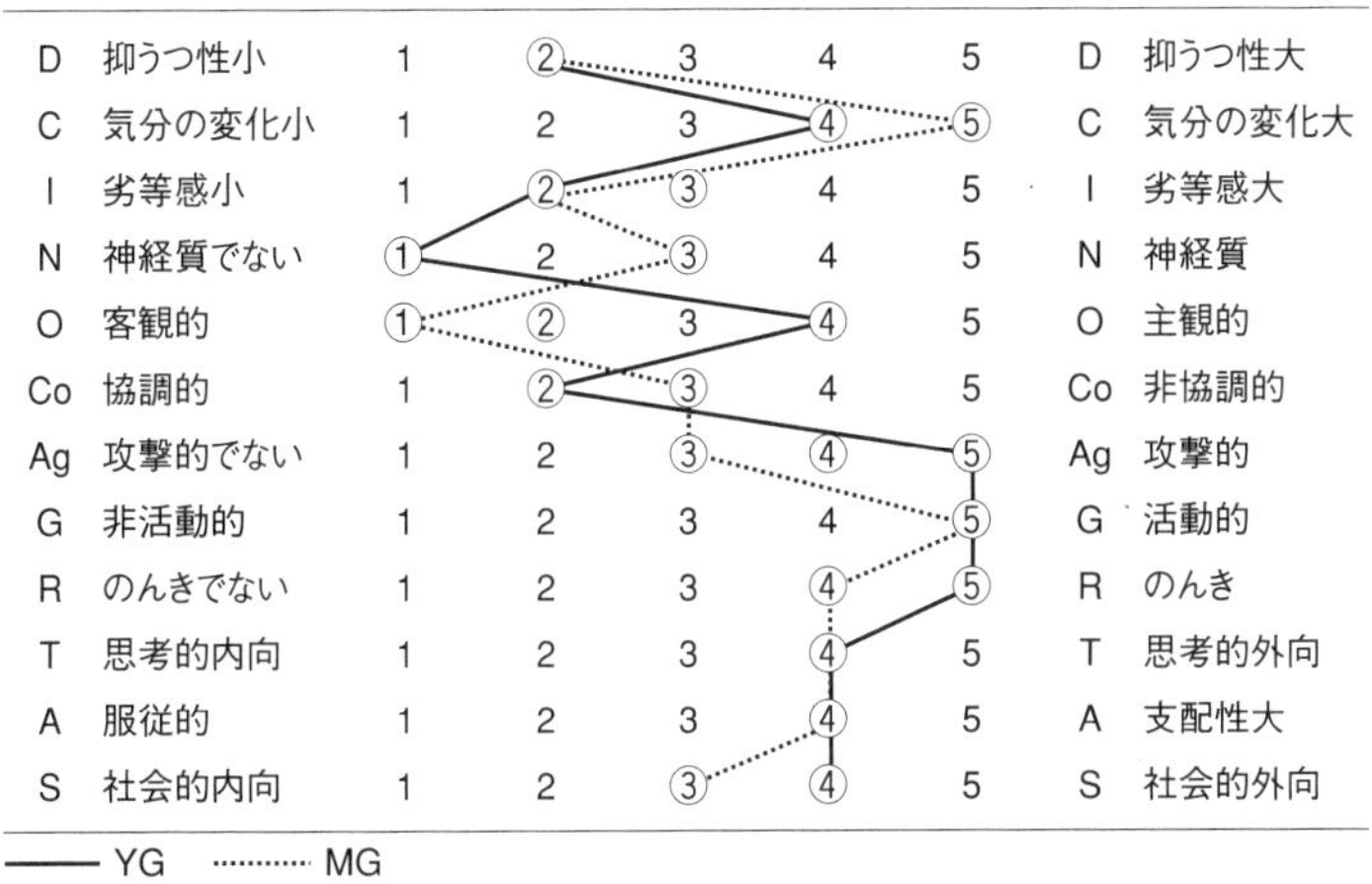

図4・2　YG及びMGの例2「ふみほのプロファイル」

図４・１〜４・３はＹＧ、ＭＧの結果を５段階表示したもので、１と５が両極端の値、３が中間の値である。

まっさーの場合、ＹＧからは、非常に協調的で、抑うつ性や劣等感は小さく、神経質でなく、客観的で、総体的には情緒安定と解釈できる。また、攻撃的、思考的外向、支配性大、社会的外向という傾向も目立つ。まっさーは、非常に協調的だが、かなり攻撃的で、すぐ行動する矛盾した性格に見える。

ＭＧからは、劣等感や神経質傾向がまったくない点が目立ち、かなり協調的な性格である。その他、抑うつ性や気分の変化が小さく、客観的で、支配性も大きい。まっさーは、情緒的に非常に安定した性格なのだろうか。

ＹＧとＭＧで評価が大きく食い違うのは攻撃性である。まっさーは、ＹＧではかなり攻

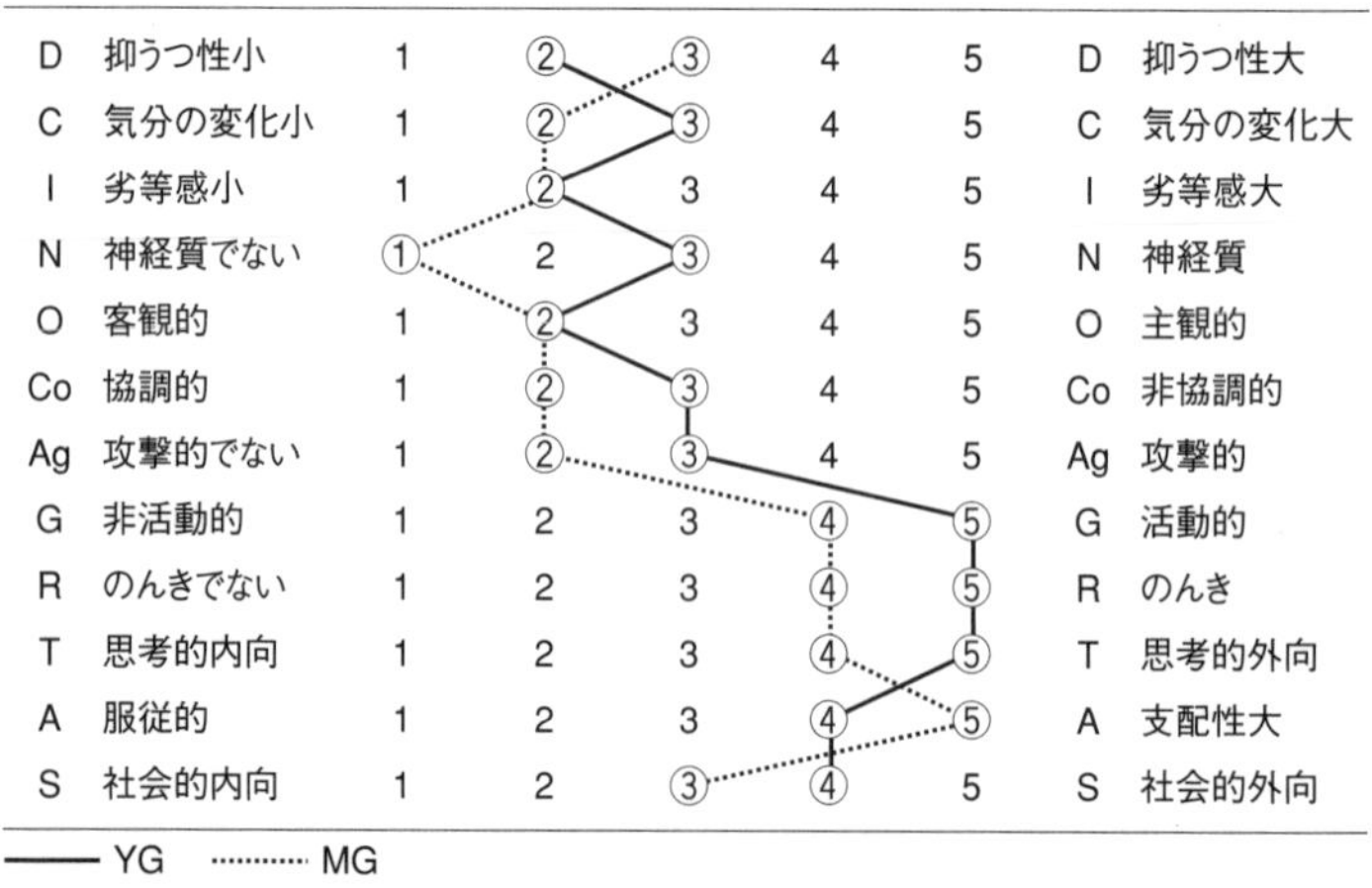

図4・3 YG及びMGの例3「くみこのプロファイル」

撃的だが、ＭＧでは、かなりおとなしい人である。どちらが正しいのだろうか。評価が一段階ずれている尺度を挙げると、気分の変化、劣等感、神経質、協調性、思考性、社交性と六つもある。攻撃性と合わせると、段階の一致率は半分以下である。

ふみほの場合、ＹＧでは、神経質な傾向がまったくなく、極端に攻撃的で、極端に活動的で、極端にのんきである。その他、抑うつ性が小さいこと、気分の変化が大きいこと、劣等感が小さいこと、主観的であること、思考的外向、支配性が大きいこと、社会的外向傾向もかなり目立つ。

一方、ＭＧでは、極端に気分の変化が大きく、極端に客観的で、極端に活動的である。その他、抑うつ性が小さいこと、劣等感が小さいこと、のんきさ、思考的外向、支配性もかなり目立つ。

ＹＧとＭＧで評価が大きく食い違うのは、神経質、主観性、攻撃性の三つである。ＹＧでは神経質傾向はまったくないが、ＭＧでは普通である。ＹＧではかなり主観的傾向が目立つが、ＭＧでは極端に客観的である。ＹＧでは極端に攻撃的だが、ＭＧでは攻撃性は普通である。ＹＧとＭＧで評価が一致したのは、抑うつ性、劣等感、活動性、思考的外向、支配性の五つだけである。ＹＧとＭＧの結果を見比べると、とても同じ人だとは思えない。

くみこの場合、ＹＧでは、極端に活動的、極端にのんき、極端に思考的外向である。その他、抑うつ性が小さいこと、劣等感が小さいこと、客観的であること、支配性が大きいこと、社会的外向傾向もかなり目立つ。

一方、ＭＧでは、神経質な傾向がまったくなく、支配性が極端に大きい。その他、気分の変化が小さいこと、劣等感が小さいこと、客観的であること、協調的であること、攻撃的でないこと、活動的であること、のんきさ、思考的外向もかなり目立つ。

ＹＧとＭＧで評価が大きく食い違うのは、神経質で、ＹＧでは神経質傾向は普通であるが、ＭＧではそのような傾向はまったくないという結果である。その他、評価が一段階食い違うのは、抑うつ性、気分の変化、協調性、攻撃性、活動性、のんきさ、思考的外向、支配性、社会的外向と九つもある。評価が一致した尺度は劣等感と主観性の二つだけである。

ふみほ、くみこ、まっさーの本当の性格はどう判断したらいいのだろうか。ＹＧとＭＧの結果が一致するのは三分の一程度にすぎないから、両方正しいという可能性はほとんどない。残る可能性は三つである。ＹＧが正しい、ＭＧが正しい、そして、ＹＧとＭＧの両方が間違っている、である。

そもそもＹＧとは

京都大学の矢田部は１９４０年代のギルフォドとマーチンの三つの性格検査から２４０項目を選んで翻訳し、１９５４年に１５６項目の旧ＹＧを作成した。それを関西大学の辻岡[*2]が１９５７年に１２０項目に簡略化したのがＹＧである。

ＹＧは特性論に基づく性格検査としては、日本で最も古い。前述したように就職試験や教員採用の時の適性検査としても利用されているので、受検者はかなりの数に上る。

ＹＧでは、

色々な人と知り合いになるのが楽しみである。

などの質問に対して「はい」「?」「いいえ」で回答させる。この質問に対して「はい」と答えるとすぐに外向的と判断されると思うかもしれない。しかし、心理学では性格とはさまざまな行動特徴を集めたものであると考える。だから、このような外向性に関係する類似の質問をたくさん用意して、被験者がどれだけ回答したかを集計しなければならない。

ＹＧの場合は各性格特性ごとに10の質問項目がある。「はい」で2点となる場合、「いいえ」で2点となる場合がある。これは質問項目ごとに決まっている。合計得点が尺度得点である。この尺度得点を日本人の基準と比較して偏差値に換算し、高得点か低得点かを判断する。

＊2：辻岡美延「矢田部・Ｇｕｉｌｆｏｒｄ性格検査」心理学評論、１９５７、１、70—１００。

それぞれの尺度の意味

YGはギルファドの性格検査からの抜粋なので、尺度の略号も解釈も同じである。名前を少し修正し、高得点の解釈を示しておこう。

- ●D　抑うつ性。陰気、悲観的気分、罪悪感が強い。
- ●C　循環性。著しい気分の変化、驚きやすい。
- ●I　劣等感。自信の欠乏、自己の過小評価、不適応感が強い。
- ●N　神経質。心配性、神経質、ノイローゼ気味。
- ●O　主観的。空想的、過敏性、主観性。
- ●Co　非協調的。不満が多い、人を信用しない。
- ●Ag　攻撃的。攻撃的、社会的活動性、社会的不適応になりやすい。
- ●G　活動的。活発な性質、身体を動かすことが好き。
- ●R　のんき。気軽な、のんきな、活発、衝動的な性質。
- ●T　思考的外向。非熟慮的、瞑想的および反省的の反対傾向。
- ●A　支配性。社会的指導性、リーダーシップのある性質。
- ●S　社会的外向。対人的に外向的、社交的、社会的接触を好む。

これはＹＧの解説書からの抜粋である。本当にこういう解釈が正しいのかと疑い出すと大変だ。実は、根拠を探してもなかなか見つからない。「色々な人と知り合いになるのが楽しみである」のような社交性に関する質問をたくさん用意し、それらに「はい」と答えれば、とりあえず社交的な人であろうと考える。これを心理学者は**内容的妥当性**があると難しい言葉で表現する。

実は内容的妥当性は当てにならない。テストを受けた人が建前的に答えたかもしれないし、無意識的にウソをついたかもしれない。極端に社交的な人は自分が社交的だという意識がないことがある。こういう場合、真面目に回答しても、真実の姿よりも社交性の得点は低くなってしまう。私の今までの経験では、自分で自分の状態を正確に把握できない人が1割はいる。

私ならテストを受けた人の親しい友人に行動チェックをしてもらう。社交性尺度で高得点の人が行動チェックでも高得点になるなら、テストの測定結果は正しいだろう。これを専門的には**基準関連妥当性**があるという。厳密には尺度得点と行動チェック得点の相関係数を計算する。そうすると、あるとか、ないとか、ではなく、予測力がどの程度あるかがはっきりする。ここまでやらないと解釈の根拠を示すことにはならない。

ＹＧができたのは半世紀前である。コンピューターもなかっただろうし、性格検査を作るだけで精一杯だったのだろう。残念ながら、ＹＧの解釈が正しいのか、辻岡[*3]の分厚い専門書を調べても、はっきりした根拠は一つも報告されていない。

怪しい類型解釈

辻岡によれば、情緒安定性に関係する尺度は、抑うつD、循環性C、劣等感I、神経質Nである。また、社会的適応性に関係する尺度は、客観性O、協調性Co、攻撃性Agである。そして、外向性に関する尺度は、活動性G、気楽さR、思考性T、支配性A、社交性Sである。プロファイルを五つのパタンに分けると、類型的な把握ができるという。

A型 アベレッジ・タイプ（平均型）。全尺度が平均に近く、特徴が見られない平凡なタイプ。知能が低い場合は無気力、受動的、平凡な性格という。

B型 ブラックリスト・タイプ（右寄り型）。情緒不安定、社会的不適応、活動的、外向的で、性格の不均衡が外に出やすい。環境や素質に恵まれない場合は、非行や犯罪に走ってしまう。

C型 カーム・タイプ（左寄り型）。情緒安定、社会的適応、消極的内向性で、おとなしく、問題を起こさない。犯罪傾向とは縁がなく、事務職向きで、積極性が必要な販売関係には向かないらしい。

D型 ディレクター・タイプ（右下がり型）。情緒的安定、社会的には適応または平均、活動的・積極的・外向的。万事につけて良好な適応的行動をとり、管理職として成功する人にこのタイプが多いという。

E型 エクセントリック・タイプ（左下がり型）。情緒不安定、社会的不適応、非活動的、消極的、内向的なタイプである。ノイローゼや問題行動を起こすという。

類型解釈は本当に正しいのか。先の辻岡の専門書から妥当性の根拠を探してみた。辻岡が根拠として挙げるのは、学童用ＹＧを、東京学芸大学の附属小学校で４～６年生計２６３名を対象に実施し、児童会での発言回数や内容との関係を調べたものである。

ＹＧの結果は、Ａ型１０３名、Ｂ型５名、Ｃ型68名、Ｄ型54名、Ｅ型33名であった。ブラックリストのＢ型は少数だが、風変わりな問題児のＥ型は33名もいるという異常事態である。

発言との関係を調べると、

- 建設的発言では、Ｄ型46％、Ｃ型40％。
- 攻撃非難的発言では、Ａ型54％、Ｄ型26％。
- 破壊的発言行動では、Ａ型59％。

＊３：辻岡美延「矢田部・Ｇｕｉｌｆｏｒｄ性格検査」心理学評論、１９５７、１、70―１００。

となった。

辻岡は、こういう結果からＹＧの類型の妥当性が証明されたと主張している。私はびっくりしてしまった。建設的発言がＤ型に多いのは、確かに妥当性の根拠になるだろう。しかし、消極的なＣ型で、建設的発言が多い。これは妥当性を否定する証拠である。Ａ型は平凡なはずだが、破壊的、攻撃的言動が顕著である。風変わりな問題児Ｅ型も異常に多い。こんな大昔から学級崩壊があったのだろうか。ＹＧの判定結果がおかしいのではないか。結果は類型解釈と大いに矛盾しているので、妥当性が否定されたと解釈すべきだろう。

"白衣の天使"がブラックリスト入り

昔々、看護学校で心理学の非常勤講師をしたことがある。私の講義の評判はすごく悪かった。心理学は比較的まっとうな学問で、科学の一つである。科学だからきちんとさまざまな細かいことを理解し、覚えないといけない。自分の悩みを手っ取り早く解決したいと思って、心理学を勉強する人は裏切られた印象を持つ。私の講義は、科学的、客観的で無味乾燥。ともかく、みなさんの期待を見事に裏切ったという点ではやはり１００点満点だった。

評判が最悪の私の講義でも、性格検査をやるとなると、途端に人気が出る。みんなの目の輝きが違う。当時、性格検査となると定番のＹＧしかなかった。カーボン式のＹＧを実施して、整理してプロファイルを描く。次に複雑な類型の系統値を計算する。そして、結果が出てびっくり。

大部分の学生がB型だった。

Ｂ型といえばブラックリスト・タイプ。解説書によれば、情緒不安定で、問題を起こす非行少女である。白衣の天使の正体か。しかし、私の見るかぎり、Ｂ型の看護学生は、意見をはっきりと言い、積極的で、勉強熱心な優秀な学生が多かった。ブラックリストに載るような人たちではなかった。

一方、受検者の大部分がD型になる場合もある。教員採用試験や就職試験で、適性検査としてYＧが使われた場合だ。就職の合否に関係するとなると、気分の変化が少なく情緒が安定しているし、対人関係も良好で、自分の意見もはっきり言えるという態度でYＧに回答する。その結果、指導者タイプのD型が続々と現れてしまう。YＧのコンピューター・サービスでは、こういう態度を検知する工夫があるが、あまり効力はない。YＧをよく理解している人なら、採用試験にはYＧは決して使わない。しかし、YＧの流行は続いている。人事担当者の心理テストの理解が初心者と変わらないという証拠だ。

何を根拠にした分類だったのか

12の尺度を情緒安定性、社会的適応性、外向性の三つのグループにまとめる話は、辻岡の１９５７年の論文にあり、１９７２年の専門書にも再録されている。つまり、旧YＧを大学生２００名に実施して、尺度の因子分析をしたところ、相互関連のある八つの因子（グルーピングの単位）

が得られた。それをまとめると、

●主導性……支配性A、社交性S
●情緒安定性……循環性C、神経質N、客観性O、抑うつD、劣等感I
●活動性……活動性G、客観性Oなど

となったという。しかし、8因子なら8グループになるはずだが、あまりにも数が多過ぎるので、辻岡が無理にまとめたようだ。分類には一貫性がないし、なぜこんなグループにしたのか、理解できない。しかも156項目の旧YGを使った分析である。

大昔のこと、コンピューター雑誌に統計プログラムを書いていた頃、私もYGの尺度を分類したことがある。グループセントロイド法という昔の因子分析法のプログラムである。[*4] 大学生102名に実施したYGの尺度を分類してみた。その結果は、

●抑うつD、劣等感I、神経質N、思考性T、支配性A、社交性S
●循環性C、気楽さR、攻撃性Ag

つまり、大きく分けると2グループになったわけである。広い意味での外向性と気分の変化

（情緒安定性）だろう。辻岡の分類を確認した人はいない。ＹＧの類型は、辻岡という人が主観的に分類した結果である。

質問項目の入れ替え、論理のごまかし

心理尺度シンポジウム

２００４年９月21日、私は珍しく早稲田大学で行われた日本パーソナリティ心理学会のシンポジウムに話題提供者として参加した。私は人と仲良くなるのが嫌いで、ものぐさで自発性に欠ける人間である。自分でシンポジウムを企画したことがないし、学会には必要最小限しか参加しない。今回は、知り合いの文京学院大学の松田浩平氏の企画で、出てこいと言われたので、やむを得ず出かけた次第である。

プログラムを見ると、絶望的だった。社会心理学で有名なシカゴ大学のバーナード・ワイナーの特別講演が同時刻に開催される。つまり、我々のシンポジウムに参加する人はほとんどいない

＊４：多くの変数をまとめる数学的技法の一つ。知能の研究が元になって開発された。

という見通しだ。松田浩平氏が司会で1名、話題提供者が3名、指定討論者が2名、合計6名だけのシンポジウムになりそうだった。

私は松田さんに会うなり、「誰だよ、こんなプログラムを作ったのは。これじゃ参加者は我々だけじゃないいか」と言った。

「杉山さんが来ると言ってましたから、7名にはなるみたいです」

「そうか。1名は参加者があるか。みんな知り合いばっかりだし、この格好でいいだろうな。ズボンは持ってきたけど、着替えるのが面倒だし」

東京は暑いので、派手派手の半袖シャツとショートパンツだった。人も少ないし、ショートパンツでシンポジウムに突入することにした。打ち合わせをしていると、不思議なことに、少しずつ参加者が集まり始めた。シンポジウムの開催時には40名を超えてしまった。顔見知りの人も現れた。血液型人間学批判で有名な大村政男先生だ。ズボンにはき替えるタイミングはなくなった。

私の出番は2番目。パワーポイントなどは使わない。証拠隠滅型電気紙芝居は嫌いだ。大量のプリントを配布する。プリントをカメラで読み取って、スクリーンに投影する便利な機械もある。これで十分だ。

私に与えられた演題は、心理尺度のダウンサイジングに求められる絶対条件だった。私の最終結論は簡単明瞭だ。心理テストは当たらないといけない。テストが長くても、短くても、ともかく、現象の予測力が一番大事だ。そのためには、外的基準との相関係数がある程度高くないといけないと、少しばかり難しい専門用語を交えて話をした。

あれこれ、３人が話すと１時間を超えてしまう。やっと質疑応答の時間に入った。大村先生の手が挙がった。このタイミングをじっと待っていたようだ。

キレる大村先生

「日大の大村でございます」と少し甲高い、やや女性的な声が響きわたった。

「この間、心理臨床学会のワークショップでもお話しして来たことなんですが、ＹＧとかＭＭＰＩとかＰＦスタディとか、心理検査にもいろいろあります。今ではこういう心理検査の参考書は文庫本になって売られています。ですから、私が鑑別所に勤めていた頃、ロールシャッハ検査の反応領域とか決定因のことを知っている非行少年に会いました。本当にびっくりしました。こんなことでいいのでしょうか。私は心理検査には賞味期限があると思っています。ＹＧ検査の一般用の詳細は昭和32年に発表されました。それ以来、標準は変わっていません。骨董品的検査です。問題点もいろいろ指摘されているのに、『ＹＧは永遠に不滅です』というのはおかしいと思います。それに、ある時期に販売されていた検査の採点カーボンが間違って印刷されていたことがあります。Ｔ（思考性）尺度で、無関係な項目を採点するようになっていました。Ｔ尺度の得点がおかしくなります。こんなことが許されるんでしょうか」

大村先生の話は続く。

「まだ、あります。いつの間にか、検査項目が3問、入れ替わっています。『19．スパイのような人がたくさんいる』という項目は『人から触れられたくない秘密がある』という項目の替わりに入ってきました。『31．親友でもほんとうに信用することはできない』という項目は『もっと違う境遇に生まれたかったと思う』の替わりです。『103．自分はいつも運がわるい』は『わざとのけものにされたことがたびたびある』の替わりに入ってきました。すべてCo（協調性）の項目です。項目を入れ替えたのなら、標準化もやり直すべきなんです。こんなことが許されていいんでしょうか。まだまだ、あります。16PFのB形式の中に次のような項目があります。『32．銃に実弾が入っていると弾を抜くまで気が気でない』です。冗談じゃありません。暴力団組員の専用の性格検査なんでしょうか。ナンセンスのきわみです。こんなことが許されるんでしょうか。MMPI日本版では……[*5]」

大村先生の独演会はまだまだ続いた。

すり替えられた質問項目

YGの問題点については、村上宣寛「最新コンピュータ診断性格テスト」（日刊工業新聞社、1993年）で指摘済みだった。今まで信頼できると信じていたテストが、実は虚妄であると論証した本なので、一部、専門家の間では評判になったが、同時に衝撃も走った。しかし、採点カーボンの印刷ミスや質問項目の入れ替えまでは知らなかった。

大村先生は、最も初期に衝撃を受けた一人である。ＹＧを信用して卒論に使っていた学生がこの本を読み、途方に暮れてしまったという。大村先生は、その後、ＹＧなど、心理テストの見直しを続けたようである。ただ、大村先生といえども、その発言をそのまま採用する訳にはいかない。必ず、裏をとるべきだ。捜査であろうが、研究であろうが、証拠が必要である。

富山に戻り古いＹＧを探した。実験室に放置された古いボックスファイルの中に、真っ茶色に変色した検査用紙を見つけた。裏面に４６・８・１５　０００と番号がある。昭和46年とすると１９７１年版である。また、５６１２００（昭和56年とすると１９８１年版）、最近の０１０１２０９００（平成10年とすると１９９８年版）があった。１９８１年版と１９９８年版はまったく同じである。しかし、１９７１年版は違っていた。

１９７１年版

● 19．わざとのけものにされたことがたびたびある

１９８１、１９９８年版

● 19．スパイのような人がたくさんいる

＊５：大村政男「血液型で性格は決まらない」日本心理臨床学会第23回大会心理臨床ワークショップ配布資料、２００４年。

● 23. 興奮するとじき涙がでる
● 31. もっと違う境遇に生まれたかったと思う
● 59. 一寸したことでひどく驚くことがある
● 69. 一寸したことが仕事の邪魔になる
● 82. じきうろたえるたちである
● １０３. 人から触れられたくない秘密がある

● 23. 興奮するとすぐ涙がでる
● 31. 親友でもほんとうに信用することはできない
● 59. ちょっとしたことでひどく驚くことがある
● 69. ちょっとしたことが仕事の邪魔になる
● 82. すぐうろたえるたちである
● １０３. 自分はいつも運がわるい

大村先生の指摘は正しいようだ。19、31、１０３は項目の順番も入れ替えたようだ。さらに、「一寸」→「ちょっと」、「じき」→「すぐ」と替えた言葉もあった。心理検査の場合、言葉遣いを少し修正するだけで、被験者の反応が大きく変化することがある。そのため、反応が変化しないことを実証するか、標準化をやり直すのが研究者のルールである。もちろん、ＹＧは半世紀前に標準化されたまま、放置されている。こんなことは許されるべきではない。詐欺である。

加えて論理のすり替えも

辻岡がＹＧの妥当性の根拠として挙げた例を示しておこう。九州大学で、学生の悩みを調査する際、大学生１３２５名にＹＧを同時に実施した。悩みの多い群、中くらいの群、少ない群に分割し、尺度の平均値の差を検定したところ、Ｒ、Ａを除く尺度の得点に有意差があった。悩みの多い群の平均プロファイルはやや左下がり型の傾向を示し、悩みの少ない群はやや右下がり型の傾向を示した。

辻岡がプロファイルの差を（Ｄ＋Ｃ＋Ｉ＋Ｎ＋Ｏ＋Ｃｏ＋Ａｇ－Ｇ－Ｒ＋Ｔ＋Ａ＋Ｓ）という式で算出すると、悩みの多いグループの得点は28・１６、少ないグループの得点は21・０８となった。

辻岡は「極めて統計的に有意義な差であり、悩みの大小を弁別する力は極めて大きい」とし、「ＹＧ検査は学生の悩みの訴えと如実に相関している」と主張し、これで尺度の妥当性や類型の妥当性が証明されたという。しかし、性質の異なったグループに質問紙を実施すれば、たいていの場合、何らかの有意差は出る。足し算すれば、数値は大きくなるのが当たり前である。こんな統計的検定法はない。

辻岡の論理はこうだ。

1 YGを2群に実施する。例えば悩みの多い群と少ない群、非行群と普通群、勤務成績の良い群と悪い群など。
2 YGの尺度の統計的有意差を求めたり、類型の頻度を比較する。
3 2群に何らかの違いがあった。→YGの妥当性は高い。

統計的に有意であれば、妥当性は高いのだろうか。反例を左記に示しておく。

さらに理屈の好きな方は――

■統計的に有意だから妥当性が高いか?

統計的に有意であるとはどういうことか。統計的検定の囲み(16ページ)で一部説明したが、もう一度説明しておこう。

●回答数の違いの場合――まず、2群の回答数が同じであるという帰無仮説を立てる。この仮説の下で、カイ自乗値を計算する。理論分布と照らし合わせ、そのような値が得られる確率が1%(5%)以下であれば、仮定に無理があったとして、先の帰無仮説を否定する。すなわち、2群の回答数は異なると結論する。2群の回答数がものすごく違うのか、少し違うのか、それはわからない。

●平均値の違いの場合――まず、2群の平均値が等しいという帰無仮説を立てる。この仮説の下で、ある指標を計算する。やはり理論分布から計算結果が1％（5％）以下の確率であれば、帰無仮説が否定できる。そして、2群の平均値は等しくない（意味のある違いがある）と結論する。二つの平均値がものすごく違うのか、少し違うのか、その程度はわからない。

●相関係数の場合――計算されるのはサンプル（例えば、大学生200名）の相関係数である。これが母集団（あらゆる大学生）の相関係数とみなせるかはわからない。そこで、母相関係数がゼロであるという帰無仮説を立てる。この仮説の下で、ある指標を計算する。理論分布から判断して、計算結果が1％（5％）以下の確率であれば、帰無仮説が否定できる。つまり、母相関はゼロでないと結論する。相関係数がものすごく大きいのか、ゼロより少し大きいだけか、それはわからない。

次に、妥当性の復習もしておこう。

●妥当性が高いとはテストがよく当たるということである。どの程度当たるかは、例えば、社交性尺度を実施した結果と、親しい友人がその人の社交性を評価した結果を、比較すればわかるだろう。このように、テスト結果と、外部から観察できる客観的行動を測定して、その間の相関係数を求めると、妥当性の指標になる。これが先に述べた基準関連妥当性である。その相関係数は妥当性係数と呼ぶ。要するに、妥当性が高いとは妥当性係数（相関係数）が大きいことである。相関係数は0・6以上は必要だ。

それでは、妥当性係数（相関係数）が低いものの有意な場合の散布図を示しておこう。

●横軸は心理テストの得点、縦軸は現実の行動を測定した結果としよう。この場合、心理テストから現実の行動はほとんど予測できない。妥当性係数は0・18、予測力は0・18×0・18＝3％である。この心理テストの妥当性は非常に小さく、使い物にはならない。

●ところが、サンプル数が240だと、母相関はゼロではない（1％水準で統計的に有意）と結論できる。統計的に意味があっても、それは関係性がゼロではないというだけだ。

つまり、**統計的に有意でも、妥当性が高いとはいえない。**

もちろん、5％水準より1％水準の方が多少は密接な関係があるだろう。しかし、0・1％水準でも0・01％水準でも事情は同じだ。有意水準と妥当性係数は無関係である。

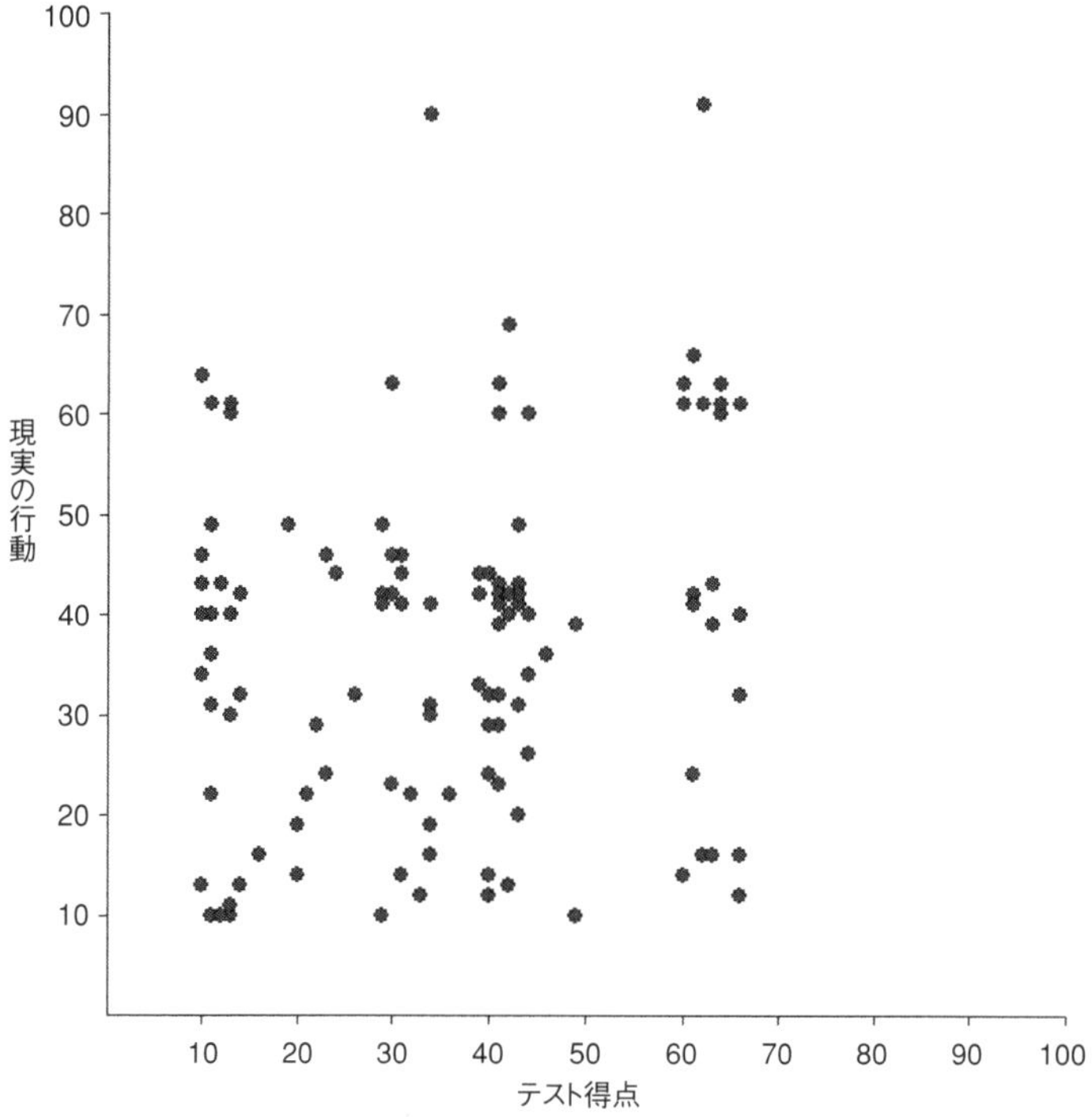

横軸がテスト得点、縦軸が現実の行動とすると、テスト得点と現実の行動の相関は0.18と小さく、予測力はたったの3%と使い物にならない。ところが、統計的検定をすると、1%水準ではっきりとした有意性がある。統計的には意味があっても、現実には意味のない例である。

図4･4　1%水準で有意な相関関係の散布図

何と信頼性係数のごまかし

さらに、辻岡のＹＧの専門書[*6]と論文[*7]を比較しながら読むと、論理のすり替えや詐欺のオンパレードに気づく。

心理テストには妥当性（結果が正しいか）と信頼性（測定値の安定性）という大きな問題があり、開発者はこの証拠を公表する義務がある。ＹＧの妥当性の根拠は怪しげで、はっきりとした証拠はない。信頼性係数の報告にはごまかしもある。

１９５７年の論文（P．92）には、三つの信頼性係数が掲載されている。

●内的整合的信頼性（10項目式）……現ＹＧの信頼性係数。関大生３００名の回答の一貫性から計算したもの。

●平行系列信頼性（12項目式×25項目式）……１５６項目の旧ＹＧと２４０項目の旧旧ＹＧを京大生２００名に実施して相関を求めたもの。

●再検査信頼性（12項目式）……１５６項目の旧ＹＧを京大生１５０名に2回実施して、その相関を求めたもの。

現ＹＧの信頼性係数は、内的整合的信頼性だけである。ところが、１９７２年の専門書（P．

42）と最近の手引では、この三つの信頼性係数を項目数の（　）の注釈なしで記載している。つまり、読者は現ＹＧの信頼性係数として読んでしまう。12項目版と10項目版は値が違うはずである。データのすり替えである。

辻岡はこれらの値について「いかに本検査の信頼性が高いかうかがえる」と書いている。また「一番低い信頼性係数０・５６を50項目の尺度を用いたとして修正すれば信頼性係数は０・８６となる、また最高の０・９２は０・９８となる」とメチャクチャな議論をする。これならどんなに低い信頼性係数が得られても「１００項目にすれば……と高い値になるので、信頼性は高い」と言えるではないか。

12項目版の旧ＹＧで信頼性係数が０・８０を超えるのは、攻撃性Ａｇただ一つである。現ＹＧの再検査信頼性は誰も算出していない。10／12の長さのテストの信頼性係数に変換すると、現ＹＧの再検査信頼性係数が得られる。計算してみると、納得の結果である。

●抑うつＤ　　０・７４
●循環性Ｃ　　０・６８

＊６：辻岡美延「新性格検査法―ＹＧ性格検査実施・応用・研究手引―」竹井機器工業、１９７２年。
＊７：辻岡美延「矢田部・Ｇｕｉｌｆｏｒｄ性格検査」心理学評論、１９５７、１、70―１００。

●劣等感I　0・70
●神経質N　0・75
●客観性O　0・62
●協調性Co　0・54
●攻撃性Ag　0・57
●活動性G　0・79
●気楽さR　0・70
●思考性T　0・51
●支配性A　0・71
●社交性S　0・63

YGの信頼性係数は高くはない。実施する度に結果が違うという実感は正しい。

12の性格特性は幻想だった

性格特性とは、人々の間に共通に見られる行動特徴をまとめたもので、外向性、情緒的安定性などがある。性格特性がいくつか集まったものが性格である。こういう考え方が**特性論**である。性格検査はすべて特性論に基づいて作られている。そうすると、そういう共通の特性をいくつ仮定すればいいかが大問題である。１００年以上前から、多くの心理学者が研究を続けている。

ギルファドは開発されたばかりの因子分析法（前述の変数のまとめ方の手法）を使って、さまざまな質問項目を少数のグループにまとめようとした。１９４０年代にはコンピューターがなかったので、セントロイド法という近似計算であったが、それでも、１回計算するためには数週間が必要だった。因子分析の結果、順次、ＳＴＤＣＲ因子性格検査、ＧＡＭＩＮ因子性格検査、Ｉ因子性格検査が編成された。名称のアルファベットは因子の頭文字である。ギルファドらによると13の性格因子になったが、すべての質問項目の相関関係を分析したものではない。

ＹＧはそのうち男性性Ｍ因子を省略し、12の因子から項目を抜粋して翻訳したものである。暫定版の２４０項目の質問紙を大学生２００名に実施し、各因子ごとに高得点者50名、低得点者50名を選んだ。そして、二つの群の質問項目に対する回答を比較し、統計的に有意差のある項目を選んだのが１５６項目の旧ＹＧである。この旧ＹＧを１２０項目に縮小したのが現ＹＧである。

この手続きは、暫定版質問紙の合計得点と整合性のある質問項目を残す手法で、項目分析という。項目分析からは、１２０項目のＹＧが12因子で構成されるという証明はできない。１２０×１２０の相関行列を作り、因子分析して、実際に12のグループに分かれることを実証しないといけない。ＹＧは本当に12因子なのだろうか。

この基本的な問題に焦点を当てたのが、續・織田・鈴木の研究である。[*8] YGを高校生と大学生合計600名に実施し、120項目の相関行列を作成し、因子分析を行った。因子は最大七つ求められたが、第三因子までで75・2％が説明できた。つまり、YGの質問項目を分類すると3グループとなった。質問項目の内容を検討すると、「対人関係」「劣等感」「活動性」に関する尺度になるという。

結局、YGの12の性格特性は幻想にすぎなかった。研究論文が掲載されたのは、教育心理学研究という有名な学術誌である。専門家なら誰でも読めるはずだ。この程度のことも知らない研究者や人事担当者が多過ぎる。人の採用にYGを使うのは無知の証明にほかならない。

性格特性論の世界のすう勢

特性論の歴史を簡単にまとめておこう。

- オールポートとオドバートは1936年にウェブスターの新国際辞典から性格特性用語を4504語抽出した。同時に、特性論を提案し、大きな影響を与えた。
- ギルフォードは1930年頃から因子分析法で性格因子を探求し、STDCR因子性格検査（1940年）、GAMIN因子性格検査、I因子性格検査（1943年）、ギルファド・ツィママーン気質調査（1956年）などを作成した。↓日本では前三者から抜粋してY

Gが成立した。

●アイゼンクはギルファドの研究を基に、性格を外向性と神経症傾向の次元より記述してモーズレイ性格検査（1959年）を作成した。その後精神病質傾向の次元を追加して、アイゼンク性格検査（EPQは1975年、EPQRは1992年）を作成した。

●キャテルは1940年代にオールポートとオドバートのリストを特性用語対35にまとめ、因子分析法を適用して根元的特性は12であると主張した。質問紙固有の因子を四つ追加し、16PF人格検査という性格検査（初版は1941年、改訂版は1967年）を作成した。

●フィスク（1949年）、タペスとクリスタル（1961年）、ディグマンとタケモト－チョク（1981年）などがキャテルの再分析を行った。いずれも因子数は5であることが判明した。

●ノーマン（1967年）はウェブスターの新国際辞典（第3版、1961年）に戻り、性格表現用語を再収集し、整理して1631語のリストを作成した。最終的に75のカテゴリー、類義語571セットを見いだした。

●ゴウルドバーグは1980年代からノーマンのリストに基づいて因子分析を繰り返し、い

＊8：續有恒、織田揮準、鈴木眞雄「質問型式による性格診断の方法論的吟味——YG性格検査の場合——」教育心理学研究、1970、18、33—47。

ずれの分析でも5因子が得られた。→村上・村上が主要5因子性格検査を作成した（1999年）。

●村上（2002年、2003年）は「広辞苑」から性格表現用語934語を収集し、大学生に553語で自己評価させ、317語を因子分析した結果、外向性、協調性、勤勉性、情緒安定性、知性の因子が得られた。日本語でも5因子であることを初めて実証した。

現代心理学では、基本的な性格の次元は、外向性、協調性、勤勉性（良識性）、情緒安定性、知性の五つであるという**ビッグ・ファイブ仮説**が広く認められるようになった。[*9] YGは1940年代の理論の産物で、つまり、生きた化石というわけだ。

恥ずかしながらMGを論ず

MGについては何も説明しなかった。1993年の「最新コンピュータ診断性格テスト」でも何も書かなかった。MGの成立過程を調べると、研究らしい研究もなかったし、恥ずかしくて紹介できるような内容ではなかった。しかし、ここでは何故恥ずかしいのか、説明しておこう。

MGも1940年代のギルファドとマーチンの三つの性格検査とギルファド・ツィママーン性格検査から質問項目を抜粋・翻案して構成した性格検査である。早稲田大学の本明ら[*10]が1976年に作成した。

作成方法を見てみよう。まず、ギルファドらの四つの性格検査の各因子から14個ずつ質問項目を抜粋し、翻訳して１６８項目の予備検査を作った。それを中学生１２３名に実施し、尺度ごとに高得点者と低得点者の弁別力が劣る質問項目を二つ削除するとMG検査のできあがりである。YGでも２４０項目から出発しているし、項目分析の人数も２００名である。１９７０年代のMGは１９５０年代のYGの猿まね以下である。

１９７０年代ならコンピューター環境も整備されていたので、YGと同じ方法で作成する理由はまったくない。續たちの研究で見たように、全質問項目を因子分析することも可能だった。ただ、もし、そのような分析をすると、3因子しか出なかっただろうし、行き詰まることは目に見えていた。だからものまねに終始したという訳だ。それにしても、翻訳した項目数や項目分析の被験者数を見ると、いかに手抜きをしたかがわかる。

その代わり、標準化の人数は頑張って２６８２名である。中学生、高校生が対象である。しかし、多ければいいという訳でもない。YGの流行を横目で眺め、ターゲットを学校教育に絞り、素早く、安直に作成したのがMGである。肝心の作成方法は非常に貧弱である。

MGの解説書（P．１０５）には面白いデータがある。正常者群と非行群を比較したデータだ。

＊９：村上宣寛・村上千恵子「性格は五次元だった」培風館、１９９９年。
＊10：本明寛・久米稔・織田正美「本明・ギルフォード性格検査　手引き」日本図書文化協会、１９７６年。

攻撃性Ａｇ得点は、正常群が４・９０、非行群が３・７６で、統計的に有意である。つまり、ＭＧによると、普通少年は攻撃的で、非行少年は攻撃的でないという訳だ。本当だろうか。尺度が間違っているとしか思えない。

また、ＹＧ尺度との相関もある。それによると、神経質Ｎと抑うつＤは０・７程度で、類似の結果が得られるが、その他の尺度は０・４から０・６程度であり、気楽さＲは０・０とまったく関連性がない。だから、ＹＧで「気楽である」でも、ＭＧでは「気楽でない」となる場合が大いにあり得る。我がゼミ生たちのプロファイルがかなり食い違ったのも当たり前である。

で、どちらが正しいのかと言えば、もちろん、どちらも間違いだ。ＹＧもＭＧも古代の化石である。特性尺度は因子分析の結果、作成されたものではない。それに、現在は、ビッグ・ファイブという五つの性格特性を測定しなければ、話にならない。こんなことも知らないのでは専門家とは言えない。だから、ＹＧやＭＧを使っている人を見たら、密かに軽蔑のまなざしを向けても問題ないだろう。

総括すると――ねつ造、すり替え、ウソの大盤振る舞い

ＹＧの総括をしてみよう。

● 12の性格特性が測定されていると思うのは幻想である。續らの分析では３因子しか得られ

ていない。YGの尺度はギルファドらの性格検査から適当に項目を寄せ集めてできたと考える方がよい。

●YGのタイプは特に当てにならない。分類の根拠はどこにもないし、解釈も正しいとは思えない。優秀な学生でもブラックリスト・タイプのB型が多いし、就職の適性検査に使われるとディレクター・タイプのD型だらけになる。

●半世紀の間にYGの質問項目は7項目も入れ替わっている。こういう場合はデータを取り直し再標準化する義務がある。しかし、YGはそんな手間はかけていない。

●YGの信頼性係数には旧YGのものが交ざっている。これはデータのすり替え、ねつ造に該当する。全体としてYGの信頼性はかなり低く、実施する度に違った結果になる。また、YGは簡単にウソがつけるし、それを見破る尺度もない。

●YGの実際的妥当性の根拠に挙げる研究は、YGを2グループに実施し、有意差を見いだし、YGの妥当性が高いと主張するパタンである。「関係性がゼロでない→妥当性が高い」という論理のすり替えを行っている。

これまで述べてきたように、YGの解説書は、データのねつ造、論理のすり替え、ウソのオンパレードだ。辻岡という人に非常な不信感を持ってしまった。とてもまともな研究者とは思えない。どうしてこんなことが許されるのだろうか。一種の犯罪ではないか。無批判にYGを使えばその片棒を担ぐことにならないか。

第5章

採用試験で多用される客観心理テスト

内田クレペリン検査

教員採用対策ゼミ

さあ、練習開始

「さあて、揃いましたね。クレペリンは一斉にやります。途中参加はできません。それでは、これから検査用紙を配りますから、裏向きのまま、見ないでください。それと、机の上には鉛筆を2、3本だけ出してください。消しゴムは使いませんし、その他の物は全部机の下に仕舞ってください……」

教員採用試験の対策ゼミとなると、さすがに遅れてくる学生はいない。大教室だが、参加者は60名ほど。普段の授業の時とは違う、真剣な表情だ。しかし、細々とした物を机に出したままの学生も目立つ。母国語の理解が不自由な学生だ。注意を促して片づけさせる。

「オーケー、検査用紙が行きわたりましたね。これから、内田クレペリン検査をやります。私はやりたくはないんですけどね。富山県の教員採用試験は相変わらず時代遅れのクレペリンをやっていますし、企業でも採用試験の時にやっている所が多いんです。だから、こんなつまらないテストで落とされないように頑張りましょう。一桁の足し算をなるべく速くやるだけの検査です……。やり方なんですけどね。まず、練習をします。用紙を表にして、レンシュウとカタカナで書いてある所を左上にしてください。名前は書かなくてもいいです。どうせ回収しませんから。1行目を見てください。7 9 4 6 3 8と数字が並んでいます。隣り合った数字を順に足して答えをその二つの数字の間に書きます。答えは一桁だけ書きます。例えば、7と9を足すと16ですが、記入するのは6だけです。消しゴムは使いません。書き間違えた時は斜めの線で消して答えを書いてください」

だいたいわかったようなので実際に練習を始める。

「さて、練習をやります。今、説明した続きの8足す6からです。では、鉛筆を持って……用意……始め。……（20秒）……はい、やめ。……できますよね。わからない人は手を挙げてください。オーケー、いませんね。では、練習の2行目からやります。時間は20秒。やめと言ったら次の行へ移ってください。鉛筆を持って……用意……始め。……（20秒）……はい、やめ、次の行。（23秒）……はい、やめ、次の行。（20秒）……はい、やめ、次の行。わかりましたね。こっちはストップウォッチを見ないといけないので、面倒なんだよね。さっきは3秒くらい遅れちまったな。今度こそ、間違いなくやるよ」

学生たちの緊張が一瞬緩む。神経を相当張りつめている。初めてだから仕方がないか。

「では、これから本番です。実は本当は、15分計算して5分休憩、15分計算して終了なんだけど、疲れるだけだし、結果は同じだから、10分計算して5分休憩、10分計算でやります。普通はテープでやるんだけど、貧乏で買えないし。少しくらい失敗しても我慢してもらうね……。用紙をぐるっと回して、サキと書いて、矢印のあるところが左上に来るようにしてください。できるだけ速く計算してください。1行は1分です……」

クレペリンの監督は疲れる。ともかくずっとストップウォッチを見ていないといけない。

「では、鉛筆をもって……用意……始め。……（退屈、退屈、退屈、……60秒。溜息）……やめ。……（退屈、退屈、……目が点になる、60秒、ふう）……やめ。……（退屈、退屈、もうダメ、60秒）……やめ……」

アホになりきらないとこんなテストはできない。一桁の暗算をできるだけ速くやるなんて、実に馬鹿馬鹿しい作業だ。計算など、電卓を使えばいいではないか。

純朴な学生たちが多いし、富山県の教員採用試験で使われる適性検査だから、受検態度は真剣だ。クレペリン検査がどんな物か知らないから真面目に取り組めるだけの話だ。私のように知り過ぎてしまうと、もっともらしくやり方を指導する気すらなえてしまう。

後半戦に突入

「はい、やめて。鉛筆を置いて。用紙を裏返してください。いやあ、ご苦労さん。疲れるよね。オレもずっとストップウォッチを見続けたから疲れた。とりあえず、クレペリンはここで5分休憩するんだよね。だから、まあ、適当に休憩してね。しかし、あまり、おしゃべりしないで。静かにしなさい……」

もちろん、学生たちはおしゃべりをやめない。隣がどの程度できたか、気にしている。ザワザワと何となく騒がしい。少しだけ、適性検査の四方山話をして、時間をつぶす。

「……これは、まあ、半世紀前の検査なんだ。だから、普及したんだけど。今時、こんなテストしてほしくないいんだが、あちこちでやっているし、多少、知っていた方がいいとは思うよ。無駄な知識だけどね。……無駄話している間に、そろそろ5分になるな。さあ、後半を始めようか」

学生たちは真剣な表情に戻る。スタンバイ状態だ。

「用紙は裏のままにしておいてください。今度は、仕切り線の下、アトと書いてある所からやります。そうだよね。ちらっと表を見てごらん。今だけ、許してあげるよ。本当の本番ではダメなんだよ。半分の仕切り線の下から始めます。はい、カンニングしたら、また裏返して……そのまましっとして。スピードが大事だからね。後、10分頑張ろうね……。では、鉛筆をもって……用意……始め。………」

いやはや、疲れる。ストップウォッチを見ながらは10分が限界だ。機械になりきるなんてのは、人間にはできない。2、3秒くるうこともあるけど、誰も気がつかないし、結果に影響がないから、これでいいのだ。

「やめー。鉛筆を置いて。これですべて終了。ご苦労様。実は結果の整理はしません」

学生たちは一斉にどよめく。今まで一生懸命にやったのは何だったんだ……という表情になる。

「整理は、面倒くさいだけなんだよ。やりたければ教えないことはないが、たっぷり30分はかかるし、死ぬ思いをするだけだ。後悔するぜ。その代わり、今からプリントを配ってクレペリンの説明をします。さあて、プリントは2枚あるから、間違いなく受け取って……」

クレペリン検査の傾向と対策を伝授

「まず、とりあえず、クレペリンでどんなところが見られるかというと、作業水準（足し算の量）と作業曲線の形（作業量の時間経過によるパタン）なんだ。で、作業水準は、まあ、スタートしてから15センチもできれば問題はないよ。普通の人なら手を思い切り開いても、親指と小指の間は15センチくらいだよ……そんな人、いないね。みんな優秀だよ」

反応を見つつ説明を続ける。

「当たり前の話なんだが、研究によると、作業量と数能力とは関係があって、まあ、たくさんできる人は、知能も高い傾向があるね。しかし、まあ、オレなんか、全然、足し算ができないけど、頭は君たちよりいいよな。だから、計算能力と頭の良さは、弱い関係しかない。みんなは大学生だから、スタートして10センチしかできないなんて人はいないだろう。10センチもできないとなると、知能の欠陥があるかもしれないが、普通の人は関係がないよ。だから、どこまでできたかは、あまり気にしなくてもいいんだ……。それより、大事なのは、作業曲線の形だね。ここで性格が判断される。1行ずつ、計算できた最後の数字に○をつけて、折れ線でつなぐと、作業曲線になるからやってごらん……」

教壇から下りて、学生の間を歩き回り、作業曲線を描くのを確認する。みんななかなか頑張っている。計算能力となると、私の2倍以上の学生が大半だ。

「みんな、すごいね。さあて、ギザギザ・パタンができたと思うが、プリントの定型例と非定型例[*1]を見てごらん。定型例は19歳の事務員、つまり普通の人。最初にピークができるけど、疲れるからだんだんできなくなる。最後は少し頑張るので、作業量が上がる。5分休憩すると、練習効果が出るので、作業水準が上昇する。だんだん疲れて、お仕舞いというパタン。これが正常……。非定型例は、高校1年生の女子、非行少女なんだろうか。この人は最初は頑張るけど、がくっと落ち込んで、だんだんできてくる。休憩後も練習効果があるけど、最初はできないのに、だんだんできてくるパタン。しかも作業量の変化が大きい。ギザギザ・パタンが激しくなると、精神的に不安定と判定される。ちょっと理不尽なんだけどね。まあ、そういう具合に解釈されてしまう。だから、あんまりギザギザ・パタンになるとマズイことになる。だから、このテストは一生懸命にやっちゃダメなんだよ。スロー・アンド・ステディ。ゆっくり、確実にやれば、普通の人はノープロブレム。傾向と対策は一生懸命やらないこと。それだけだよ。今日はご苦労さん。これで、本日の出し物は終了。さあて、質問のある人はどうぞ……なければ、解散」

＊1：日本・精神技術研究所「内田クレペリン精神検査・基礎テキスト」日本・精神技術研究所、1983年。

1回目は作業量が高かったが、急激に減少し、その後、ゆっくりと上昇する。休憩後も類似のパタン。

図5・2　非定型例（非健常者状態定型の作業曲線）高校1年生

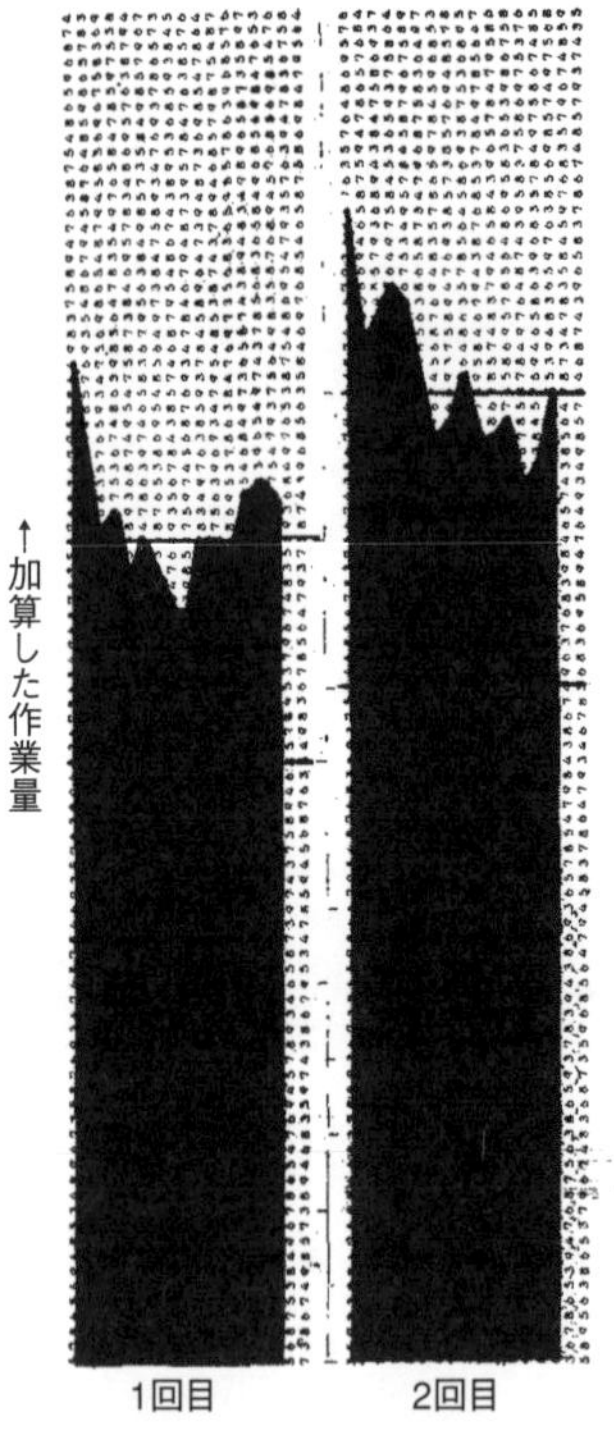

最初に作業量が高いが、疲労のため、作業量が減少する。休憩の後は作業水準が上昇し、その後、ゆっくりと作業量が減少する。

図5・1　定型例（健常者状態定型の作業曲線）19歳事務員

のどが痛くなるし、内容も馬鹿馬鹿しい。でも、こんなつまらないテストで純真な学生が不合格になると問題だ。タネを全部明かす訳にはいかないが、不安を取り除く必要がある。そのための教採対策ゼミである。

内田クレペリン検査の概要

内田クレペリン検査は一桁の数字を連続的に加算させて、その作業結果から性格を見ようとする検査である。検査用紙は約26×72センチの横長で、[*2]一桁の数字が横に１１５字、34行印刷されている。検査用紙は横長であるが、作業曲線は縦位置にして見るのが慣例だ。

被験者は検査開始の合図と同時にできるだけ速く、１行目から１番目と２番目の数字を足して答えの下一桁をそれらの数字の間に書き込み、続いて、２番目と３番目、３番目と４番目と作業を進める。１分ごとに合図があるので、行を変えていって、15分間、加算作業をして、５分の休憩を挟み、さらに15分（15回）の加算作業を行う。

各行のできた最後の数字のところを折れ線で結ぶと作業曲線が描けるので、その作業曲線の形

＊２：日本・精神技術研究所の用紙の場合。

と作業量で判断する。計算の誤りを調べ、作業量も1行ずつカウントする。これは手作業によるしかない。その後は、平均作業量の算出などをする。これ以降はコンピューター処理も可能である。数字の列は誰でも作成できるので、著作権は成立しない。それで、日本・精神技術研究所以外でもクレペリンテストをやっている所がある。

クレペリンの連続加算作業

エーミール・クレペリンは現代精神医学の基礎を作った人で、「精神医学」（1913年）という非常に大部な本がある。無謀にもこれを翻訳しようと考えたのが西丸四方という人である。もちろん、普通の人ではない。島崎藤村の血を継いだ末裔である。10年がかりの翻訳の結果、日本語では6冊にもなった。昔、私も何年もかけて趣味的に読んだ。意外に面白い。

さて、その3分冊目「心因性疾患とヒステリー」[*3]に連続加算作業の紹介があった。「災害精神病」の章である。この時の加算作業は初日に10分間連続して、2日目に5分作業―5分休憩―5分作業の方法であった。図5・3はその結果である。上の2本の折れ線は疲れやすい男性健常者、下の2本の折れ線は男性事故患者の作業曲線である。「……」は5分の休憩を指し、2日目の方の結果である。

見ればわかるように、事故患者の作業量が圧倒的に少ない。健常者の作業量は事故患者の6倍から9倍に達する。しかも健常者の作業曲線は前半部でかなり低下するが、事故患者ではほとんどコンスタントである。また、1日目と2日目は事故患者ではほとんど同じだが、健常者ではかなり違う。2日目の方が、成績が良い。おそらく練習効果のためだろう。

クレペリンは、**意志緊張**と**疲労性**という要因を考えた。意志緊張は初めの1分間の作業量を後の1分間の作業量と比較して推定する。疲労性は休憩後の回復の程度でわかる。

クレペリンによると、事故患者は意志緊張が非常に低い状態で仕事にとりかかり、休憩して作業を中断すると、さらに意志緊張が低下するという。健常者の場合は、意志緊張が高い状態で取りかかるが、疲労性が強く、休憩後には作業量が大きく回復する。また、練習効果も顕著で毎日練習すると、作業量が上昇する。

クレペリンの洞察力はさすがである。意志緊張と疲労性という二つの要因は、その後の性格特性の研究における因子分析の際にも、時々、姿を現す。しかし、現代の視点からは問題もある。例えば、事故患者の作業量の低さである。作業量と知能指数の相関は0・7程度であり、事故患者の知能がかなり低かったか、欠陥があったと考える方が妥当である。あるいは、外傷性ショックのために、知的機能が障害を受けていると考えればよい。

また、作業量と作業曲線の変動も相関関係がある。作業量が少ない場合は作業曲線の変化も少

＊3：エーミール・クレペリン（著）遠藤みどり（訳）「心因性疾患とヒステリー」みすず書房、1987年。

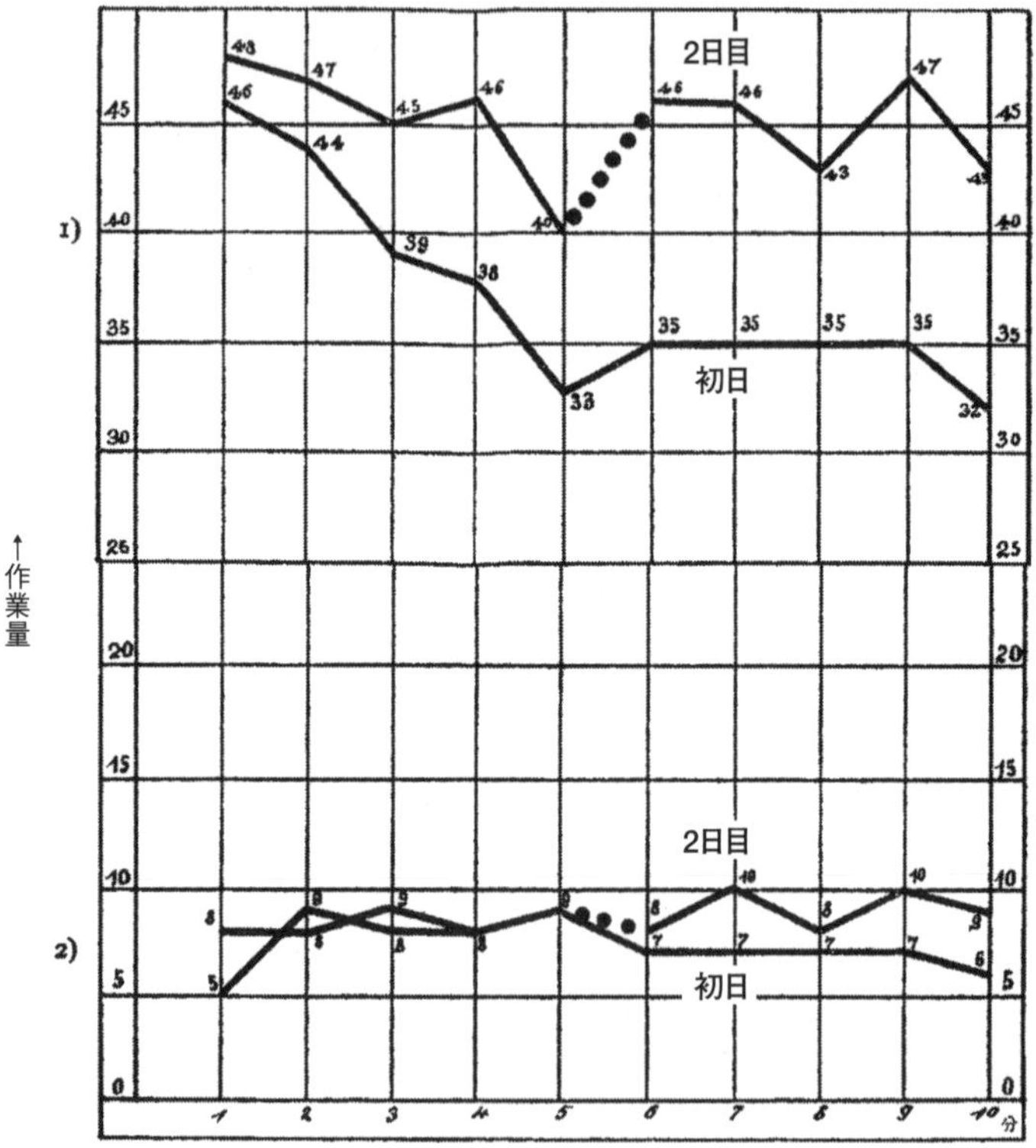

疲れやすい男性健常者（上側の2回）と男性事故患者（下側の2回）の10分間の連続加算作業結果。

図5・3　クレペリンによる連続加算作業結果

なく、作業量が増えると作業曲線の変動も増える。健常者の疲労性が大きいのは、単に作業量が大きいからである。ただ、それだけだ。私が教員採用対策ゼミで学生たちにスロー・アンド・ステディでやれと言ったのは、頑張れば頑張るほど変動が増えて、情緒不安定と判定されてしまうからだ。

偉大なるエーミール・クレペリン

日本では、エーミール・クレペリンは評判が悪い。冷たくて、人間味のない、病気にしか興味のない、古めかしい自然科学者だと思われている。ところが、精神医学の世界では精神分析のフロイトと並ぶか、それ以上の影響力があった人である。現代精神医学はクレペリンをルーツとする生物学主義に転換して久しい。一方、フロイトの影響力は消滅しつつある。それでも、フロイトの主要著作がすべて翻訳されているのに、クレペリンの著作は「精神医学」と「精神医学百年史―人文史への寄与」が日本語に翻訳されただけである。

図5・4　エーミール・クレペリン

エーミール・クレペリンは１８５６年、旧

東ドイツのノイシュトレーリッツで生まれた。ベルリンとリューベックの中間のメクレンブルク湖水地方の町である。エーミールは高校ではごく普通の生徒だったが、兄のカールが生物学や化学が好きで、その大きな影響を受けた。また父の友人クリューガーが医者だったため、医学に興味をもった。

エーミールは1874年にライプチヒ大学で医学の勉強を始めた。翌年、ヴュルツブルクに移り、生理学的心理学と精神医学に取り組んだ。当時の精神医学はかなり混乱した状態だった。疾病単位が確立した領域もあったが、病因が未知の領域では、同じ患者でも医者が違うとさまざまな病名が付けられた。また、当時は身体的な原因で起こる精神状態、例えば高熱による精神的錯乱もすべて精神医学の対象であった。

エーミールは近代心理学の創始者ウィルヘルム・ヴントの勧めで「精神医学提要」を1883年に執筆したが、これは後の膨大な「精神医学」の初版に当たる。1884年にはミュンヘンに戻り、教授資格を得て、ロイプス精神病院の医長となり、結婚。1885年にはドレスデン総合病院の精神科の主任となった。その後、ドルパト大学の正教授、ハイデルベルク大学の教授、ミュンヘン大学の教授を歴任し、1922年に退職。1926年に「精神医学」第9版を執筆中、風邪による肺炎で死去した。*4

彼の人柄については、ジルボーグの「医学的心理学史」*5に詳しい。この本の執筆当時にはクレペリンを直接知っている人々が生きていた。それによると、気持ちのいい、打てば響くような性格の持ち主だった。多くの人々を集めて一緒に仕事をさせる能力があったし、教師としても偉大な才能があった。精神病患者の処遇を人道的にするように配慮したし、美しい詩を書き、ビールの本場ミュンヘンで熱心に禁酒啓蒙運動に携わった。

ところが、学問上の人格は別だった。何千という症例を扱ったが、感情移入や追体験で理解しようとはしなかった。自然科学的な客観的アプローチに終始した。また、生物学的方法を確信をもって主張した。その結果、疾病単位ごとに症状を集積し、詳細に理解できるようになった。

こういうクレペリンの学問的態度は19世紀末の時代精神を反映したものだった。ジルボーグによると、人類に対しては大きな興味を抱きながら、人間に対しては割に興味を持たない時代だったという。クレペリンは時代精神に忠実に生き、精神障害の疾病単位を客観的に確立した。

クレペリンの業績を端的にまとめてみよう。*6

●緊張病、破瓜病、妄想性痴呆と呼ばれていた内因性精神病を、早発性痴呆（精神分裂病、統合失調症のこと）という一つの疾患にまとめた。

＊4：エーミール・クレペリン　西丸四方・西丸甫夫（訳）「精神分裂病」みすず書房、1986年のあとがきより。
＊5：グレゴリ・ジルボーグ　神谷美恵子（訳）「医学的心理学史」みすず書房、1958年。
＊6：国際クレペリン協会 http://www.kraepelin.org/ に基づく。

●共同研究者のアロイス・アルツハイマーと共にアルツハイマー病を発見した。
●精神病を早発性痴呆と躁うつ病に大分類し、現代精神医学の体系的基礎を作った。
●実験的方法で、麻薬、アルコール、ニコチンなどの行動への影響を調べ、精神薬理学の基礎を築いた。
●精神医学で最初に心理学的・実験的方法を適用し、臨床心理学の基礎を作った。

よって現代精神医学の父、現代の人道的精神病院の父と呼ばれる。ハイデルベルクの墓石には「汝の名は消え失せることあらんも、汝の業《わざ》のみは存続すべし」と記してあるそうだ。*7 現代の精神医学のDSM—Ⅳという診断基準*8はクレペリンの仕事の延長線上にある。要するに、ものすごく偉大な精神医学者だった。内田クレペリン検査からしかクレペリンの名前を連想できないとしたら、それは無知という名の不幸である。

変人・内田勇三郎

内田勇三郎は1894年東京生まれで、1921年に東京帝国大学文学部心理学科を卒業した。卒業論文はカナリアの左利きに関する生物学的なものであった。1923年に松沢病院心理室に職を見つけ、三宅鉱一の下で精神病者に実施する心理検査の開発に取り組んだ。そこでは橋健行がクレペリンの連続加算法を研究していた。

内田は、連続加算作業の時間条件の吟味を行った。その結果、15分作業―５分休憩―10分作業の25分法が誕生した。この連続加算作業を早発性痴呆（統合失調症）患者に実施すると、決まったパタンになった。正常者に実施すると、また異なったパタンになるのではないかと考えた。

内田は、１９２５年に第五高等学校（現在の熊本大学）の教師になり、心理学を教えた。そして多くの学生に対して25分法で連続加算作業を実施し、平均曲線を描いた。早発性痴呆患者の曲線とはまったく異なったパタンで、これを「健常者状態定型（定型）」、松沢病院の患者のパタンを「異常型」と呼んだ。その後、異常型を示す者が必ずしも異常者ではなかったので、「非定型」と呼び名を改めた。

内田は１９２８年に五高をやめ、東京に戻り、小峰病院、前田眼科などで25分法の研究を続けた。１９２８年から１９３９年まで早稲田大学で心理学の講師を務めた。その間に多くの研究を行い、普通の学生は定型パタンになり、性格の偏った学生や交通事故者では非定型パタンになることを確認した。また、精神薄弱児では、作業量が極端に低い非定型パタンであった。１９３０年代に現在の内田クレペリン検査の基本ができあがった。

＊７：エーミール・クレペリン　伊達徹（訳）「老年性精神疾患」みすず書房、１９９２年、西丸四方のあとがきより。

＊８：アメリカ精神医学会　高橋三郎・大野裕・染矢俊幸（訳）「ＤＳＭ―Ⅳ　精神疾患の分類と診断の手引」医学書院、１９９５年。

内田クレペリン検査は1940年代に、産業界、教育界など、さまざまな分野で使われるようになった。日本国有鉄道（JRの前身）で運転者の適性検査として使われたのが大きかった。内田は1947年に私設の「日本・精神技術研究所」を設立したが、実態は自宅の一室に色々な人がおしゃべりに来るだけであった。名称に「・」を入れたのは「日本精神」と読まれて右翼団体と間違えられたためだという。

内田勇三郎は五高に勤めていた時期を除くと定職についていない。嘱託や非常勤の仕事しかせず、本は読まない、論文も書かないという〝研究生活〟を送った。極端な筆無精で、手紙も書かなかった。生涯の間に、内田クレペリン検査についての論文が一つ、本が一冊あるだけである。書斎で勉強するタイプではなく、仲間と飲み食いしながら〝研究〟した。

十歳年長の兄清之助も在野の研究者として一生を過ごした。勇三郎と違って、書斎の人で、鳥類図鑑などの著書が多い。定職につかなくても暮らしていけるだけの資産家だったらしい。

息子の内田純平[*9]によると、勇三郎の母はものすごく潔癖な人で、勇三郎自身も常軌を逸した潔癖性だったという。

お金を全部消毒していたというエピソードがある。硬貨は全部クレゾール液につけてしまい、紙幣はクレゾール液を染みこませた脱脂綿でふいて広口ビンに保管したという。電車に乗ってもつり革には触らないようにしたし、つかむ場合でも電車の切符を挟んでつかんだという。

子供たちにもアルコールを染みこませた脱脂綿を真鍮の容器に入れた物を持たせ、弁当を食べる前に手を消毒させた。すき焼きを作る時でも肉を水で完全に洗って使ったり、刺身にも湯をかけて消毒してから食べたという。

一方、外食する時には汚い厨房の食堂でも平気で食べたとか、自宅の木を伸ばし放題にしてたとか、一見、相矛盾する行動も記載されている。

内田純平はこれを勇三郎の美学とみなしているが、不潔恐怖の症状とぴったり合致する。不潔恐怖の患者は特定の状況や物質のみに恐怖感を感じるだけで、不特定多数の状況で常に不潔恐怖を感じる訳ではない。むしろ、他の状況下では鈍感である。不潔恐怖という診断名は、新しい精神医学では**強迫性障害**に該当する。勇三郎は「作業障害」に悩んでいたため、連続加算作業の「作業障害」に強くひかれたようだ。また、その「作業障害」のために、論文を書いたり、定職につくのが困難だったと思われる。

内田勇三郎の死後、日本・精神技術研究所は法人化され、商業上の成功を収めた。内田勇三郎の名は内田クレペリン検査とともに残った。しかし、内田クレペリン検査は、業《わざ》として残るような内容なのだろうか。

＊9：内田純平「迷留辺荘《めるへんそう》主人あれやこれや」近代文芸社、1995年。

果たして何がわかるのか

内田クレペリン検査の公式マニュアル[10]とデータブック[11]を参考にして、検査結果をどう解釈するのか、概略を解説してみよう。

検査結果は、作業量の段階、定型特徴の程度、非定型特徴の有無と程度という三つの組み合わせで24のパタンに分類して、解釈する。ただし、パタンの判定基準は不明確で、主観的である。

作業量の意味

内田クレペリン検査は一桁の数字を連続的に加算し、1分ごとに行を変えて実行する。検査結果を見れば、1分間に平均してどの程度できたか、すぐにわかる。作業量は加算できた平均個数で、五つに区分される。解釈も示しておこう。

Ⓐ 前半55以上、後半65以上の場合。物事の処理能力が高い。
A 前半40～55、後半45～65の場合。処理能力に不足はない。
B 前半25～40、後半30～45の場合。処理能力はいくらか不足。
C 前半10～25、後半10～30の場合。処理能力はかなり不足。

Ｄ　前半10以下、後半15以下の場合。処理能力ははなはだしく不足。

内田クレペリン検査用紙で言うと、長さで13センチ以上できればＢ段階である。これ以上できれば十分である。処理能力がいくらか不足と判定されても、定型と判定されれば正常者で、何のおとがめもない。学生たちにスロー・アンド・ステディでいけと言ったのは、頑張って作業水準を上げても、結果的にその水準が波打ってしまい、ギザギザ・パタンの非定型になれば、異常者と判定されるので、何にもいいことがないからだ。

定型パタンとその人格の特徴

健常者状態定型（定型）の特徴は次の六つである。

- 前半がＵ字型のパタンになる。
- 後半が右下がり型パタンになる。

＊10：日本・精神技術研究所「内田クレペリン精神検査・基礎テキスト」（株）日本・精神技術研究所、1996年。
＊11：日本・精神技術研究所「内田クレペリン精神検査データブック」（株）日本・精神技術研究所、1990年。

●作業量は前半より後半が1割くらい上回る。
●曲線で適度に動揺している。
●誤答がほとんどない。
●作業量が極端に少なくない。

普通の人なら一桁の足し算が1分間で10個以下ということはないだろう。作業段階がDという最低の状態では、U字型パタンにはならない。また、動揺が少ないので、ギザギザ・パタンにもならない。作業量がB以上なら前半がU字型のパタンになるのが普通だし、適度なギザギザ・パタンができるのが当たり前である。作業量と動揺の程度には相関関係がある。

内田勇三郎によれば、定型パタンを示す人は次のような特徴がある。

●仕事を命じられた時、ただちに着手し、没頭できる。
●長時間にわたり同じ仕事をしても、適度な緊張が持続できる。
●仕事にすぐに慣れて上達が早い。
●外からの妨害に影響されにくい。
●外からの変化に臨機応変な反応を示す。
●事故や失敗が少ない。

●人柄も円満で率直で確固たるところがある。

このテストで人柄までわかるとは思えないが、これが公式の解釈である。とりあえず、定型パタンなら正常者ということだ。

非定型パタンとは

非定型パタンは健常者状態定型（定型）の特徴から外れるということ。つまり、非定型の特徴は、

●誤答の多発
●大きい落込み
●大きい突出
●激しい動揺
●動揺の欠如
●後期作業量の下落
●後期初頭の著しい出不足
●作業量の著しい不足

となる。内田クレペリン検査では手作業で誤答分析もやる。一桁の足し算で誤答が頻発するのは問題である。よほど焦ったのか、よほど知能が低いのか、ともかく、誤答が多いと悪い解釈しかない。

大きい落ち込み、大きい突出、激しい動揺は、それぞれ行動や気分の変化が著しいと解釈される。一方、機械のようにコンスタントにやると、感動性欠如、蔑視、へそ曲がり的と解釈されるし、後半に作業量が落ち込むと、気力やエネルギーが衰弱していると解釈される。後半の初めで作業量が低いと、取りかかりが悪いとか、発動の障害と解釈される。作業量が著しく低いと一般的な精神能力が低いと解釈される。

ただし、その判定はかなり主観的である。ここでは紙面の関係で解説は省略する。

1万人データの意味

定型パタンは1万人のデータから導かれたという。データブック[*12]によると、1万2719名のデータで、事務職員、タクシー運転手、工場従業員、警察官応募者など、15の集団を集めたものである。1987年集計の1万人の作業曲線は、1937年集計の1万人の作業曲線と比べると、作業量は20ばかり上昇している。理由はよくわからない。

1万人の作業曲線となるとすごいという印象を受けるだろう。血液型の信者も数万人というデータの数を宣伝する。しかし、大事なのはデータの質である。被験者がすべて正常者だったという証拠はどこにもない。どんな状況で内田クレペリン検査が行われたのだろうか。これも不明である。一番重要なのは、１万人が日本人全体を代表するようにサンプリングされた人たちではないということだ。だから、この１万人曲線を基に、正常者か異常者かを判断するのは、根本的におかしいということになる。

作業量の動揺は何を意味するか

内田クレペリン検査の解釈を見ると、定型パタンなら健常者である。大部分の人は、健常者で正常なのだから、人格も円満で素直であるはずだ。ドクター・バーナムの項で議論した通りである。

非定型パタンの解釈には多くのページを割いている。もともと精神病患者に実施してきた検査を一般人にも適用したためである。ただ、非定型パタンの出現率は、１割から５割の間で、かな

＊12：日本・精神技術研究所「内田クレペリン精神検査データブック」（株）日本・精神技術研究所、１９９０年。

り大きい。こんなにも異常者がいるのだろうか。

非定型パタンの一つ、作業量が極端に低い場合は、知的能力が低いと解釈しても、誤りではない。それを支持する根拠もある。しかし、激しい動揺を気分や情緒が不安定と解釈する点には疑問がある。というのは、私は昔々、アイゼンクの性格理論を勉強したことがあるからだ。

かのアイゼンクの紹介者の講義

同志社大学の文学部の3年生に編入できた時代の話である。当時、学生の間で評判の講義があった。関西学院大学の今田寛先生による「人格心理学」だった。4年生対象の講義だったが、先生に直接頼んで3年生の時に受講させてもらった。

アイゼンクの性格理論を中心に半年にわたって講義が進められた。性格理論の歴史や次元的アプローチへの転換（性格特性論のこと）、生理学的・実験的なアイゼンク理論等、当時としては最先端の内容が含まれていた。イギリスのアイゼンクの下で研究してきた気鋭の心理学者だった。ハンサムで、スマートで、女子学生の間でも人気が高かった。

「外向性の人にはブロッキング現象（後述）が頻繁に観察されます。ブロッキング現象に伴って覚醒水準が低下します。もし、そうだとすると、内向性の人は外向性の人よりも平均して覚醒水準が高いはずです。覚醒水準が高ければ皮質の促進も高いと仮定します。そうすると、同じ強さで刺激すると、内向性の人の出力は外向性の人の出力よりも大きくなるはずです……。これはレモン・ジュース・エクスペリメントと言われるんですが、実験室に内向性の人と外向性の人に来てもらって、舌の上にレモン・ジュースを４滴落とします。そして、唾液量を測定します。すると、内向性の人の唾液量は外向性の人の２倍以上ありました。不思議なことにクエン酸で実験すると、違いはないんです。レモン・ジュースでないとダメなんですが、私はこの実験が非常に気に入っています……。最近、論文を読んだところで、これだけは詳しく説明できるんですよ……」

レモン・ジュース実験を説明していた時、先生は研究が楽しくて仕方がないという表情をしていた。今田先生はどんどん実験の内容を黒板に板書しながら講義を進めた。アイゼンク関係の論文はほとんど読んでいるようだった。

４年生に進級した時、今田先生の講義はなくなっていた。忙しくなったためだろう。私は京大の大学院に進学したし、専門分野が違うため、長い間、今田先生のことは忘れていた。

心理テストに関わりを持ち、「最新コンピュータ診断性格テスト」という本をまとめていた時、共著者のS.B.G.アイゼンクの名が気になった。アイゼンクの奥さんである。しかし、最初のだろうか、２番目のだろうか。

こんなことを知っているのは今田先生しかいない、そう思って手紙をしたためた。もちろん、今田先生からは丁寧な返事と論文の抜き刷りをいただいた。２番目の奥さんだった。私の関心も記憶分野から心理測定、心理テスト、そして性格心理学へと、古いテーマに戻っていった。

アイゼンクの性格理論

1960年代の話だが、アイゼンクによると、性格には外向性と神経症傾向（情緒安定性）という基本次元があり、個人の性格はこの二つの特性で位置付けられる。また、アイゼンクは生理学的な説明を好み、外向性は条件付け理論と関係し、神経症傾向は自律神経系と関係すると主張した。

外向性の人は、外から強い刺激が入ってもすぐにブロックしてしまう。ブロックする傾向が強いので、強い刺激でもすぐに慣れてしまい、効果がなくなる。外向性の人は音楽なら強烈なヘビメタや激しいロックが好みだろう。タバコや興奮剤などの薬物も好む。外向性の人は神経系で外からの刺激をブロックする傾向が強く、これを**条件性制止**と呼ぶ。外向性の人は条件性制止の過程が強いので、強い刺激でないと満足が得られない。

一方、内向性の人は制止過程は弱く、興奮過程の方が強い。内向性の人は外から強い刺激を受けるとブロックできないので、興奮し過ぎてしまう。だから強い刺激には向いていない。音楽なら静かなクラシックを好むだろう。強い興奮剤は向かないので、タバコや刺激的な薬物への嗜好は少ない。逆にアルコールなど鎮静作用のある薬物には耐性があるので、飲み過ぎてしまうだろう。

アイゼンクの性格理論は、極端な外向性と極端な内向性の場合にしか当てはまらないことが多いが、膨大な実験研究で裏付けられていることも確かだ。

興味深いブロッキング現象

精神的疲労には、瞬間的に実行が止まってしまうという興味深い現象がある。これを不随意的休止期とかブロッキング現象と呼ぶ。クレペリンの連続加算作業は、この現象の最初の体系的な研究であった。[*13]

ブロッキング現象について、１９３０年代からは行動主義的学習理論の下で研究が行われた。当時の学習理論によれば、集中練習期間中に反応制止という負の動因（精神的疲労のこと）が蓄積されていく。それが正の動因（仕事に対するやる気）と同じになった時に有効動因がゼロになり、実行が止まってしまう。つまり、

遂行＝（正の動因－負の動因）×習慣強度

である。反応制止はブロッキング現象の間に消えてしまうので、短期間の休止の後、再び作業が開始され、反応制止が正の動因に等しくなるまで続く。そして、ブロッキング現象が起こる。これが繰り返される。

アイゼンク理論によれば外向性の人は条件性制止が蓄積しやすいので、内向性の人よりも頻繁

＊13：アイゼンク、H．J．梅津耕作・祐宗省三（訳）「人格の構造―その生物学的基礎」岩崎学術出版社、１９７３年。

にブロッキング現象が観察されるという予測が成り立つ。

シュピールマンが1963年に行った研究を紹介しておこう。鉄筆で金属盤を打叩《だこう》し続けるという簡単な作業である。非常に複雑な記録装置で、各回ごとに鉄筆が金属盤に接触していた時間と、打叩と打叩の間の金属盤から離れていた時間の長さを正確に測定した実験である。

労働者90名が心理テストを受け、その中から最も外向的な者と、最も内向的な者が選ばれた。この人たちは日常生活に十分適応している、まったく正常な普通の労働者である。実験結果を図に示しておこう。左側が内向者4名、右側が外向者4名の記録である。グラフの縦軸は秒で、上のギザギザ・パタンは鉄筆が金属盤から離れていた時間、下のパタンは接触していた時間である。横軸は時間の経過である。

右側の外向的性格の4人のパタンのギザギザが著しく目立っている。つまり、予測通り、外向性性格者では鉄筆が金属盤から離れるブロッキング現象が頻繁に現れた。その後のさまざまな研究でも、外向性性格者の作業は、内向性性格者と比較すると不規則で変化に富んでいることがわかった。

つまり、内田クレペリン検査の激しい動揺は、外向性性格者特有のブロッキング現象である。ブロッキング現象は情緒不安定な性格から来たものではない。外向性次元と情緒安定性次元は性格の基本的特性であるが、二つの次元は独立で、無関係である。

日本の内田クレペリン検査では、情けないことに、この二つの次元を混同し、ブロッキング現

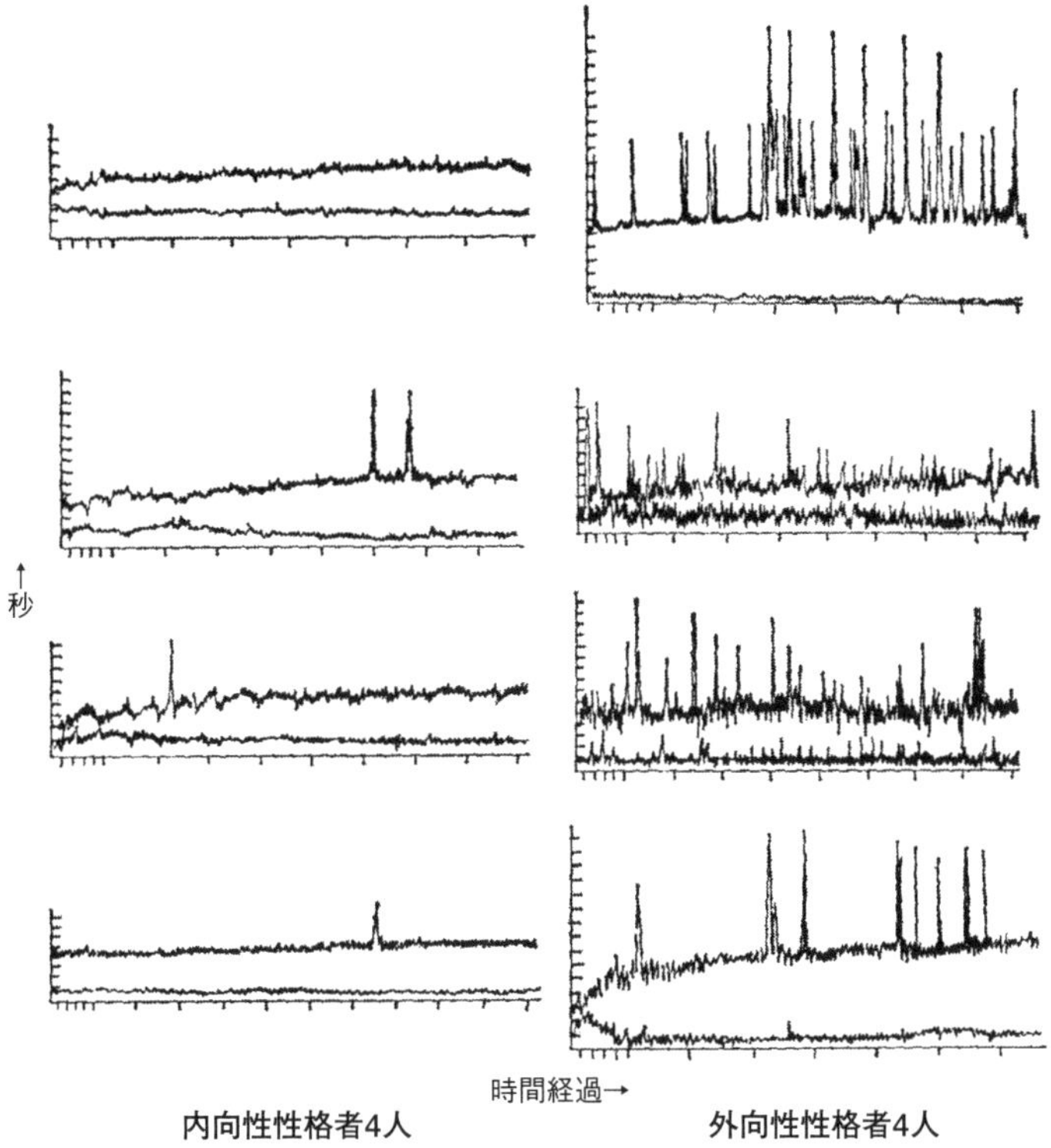

内向性性格の人のブロッキング現象は穏やかで頻度も少ない。外向性性格者のブロッキング現象は激しく頻繁に現われる。

図5・5　**打叩作業によるブロッキング現象**

象を情緒不安定の証拠だとして解釈してしまう。これは大きな根本的な誤りである。なぜ、こんな馬鹿げた誤りを半世紀も続けられたのか。それは、内田勇三郎の、本は読まない、論文も書かないという〝研究生活〟の伝統のためだろう。内田クレペリン検査という世界でもユニークな心理検査は、無知という土台の上に組み立てられた砂上の楼閣である。

では、なぜアイゼンクらはブロッキング現象を外向性―内向性の指標に用いなかったのか。性格の指標として使うには、データが不安定で、信頼できなかったからである。これは内田クレペリン検査の信頼性を調べればすぐにわかる。

信頼性と妥当性を吟味する

心理テストは当たらないといけない。当たらない心理テストは占いと同じである。また、当たってもバーナムのように誰にでも当てはまるテストは使い物にならない。つまり、テストはターゲットにしっかり当たること、そして、外れた時は外れたとわかることが大事である。

ターゲットに当たるということ、これがテストの妥当性である。測定しようとする対象をとらえられることが大事だ。当たったか否かはそれを観察していた人の評価や本人の評価を基に判断する。仲間評定とか、他者評定と呼ばれる。他者評定との相関係数は0・5以上は欲しいところだ。テストの測定値と他者評定がまったく一致しないなら、何を測定しているのか、わからない。

よく当たるテストは妥当性が高いというが、そのための必要条件として信頼性（測定値の安定性）がある。心理テストを1～2週間間隔で実施して、テスト間の相関係数を求めたものが再検査法による信頼性係数である。1週間の間に測定値がすっかり変わってしまうようでは、妥当性も保証されない。弾道が不安定な拳銃を想定してみればよい。めったにターゲットに当たらないだろう。使いこなしは至難の業である。

信頼性が低いと妥当性も低い。単純な、明白な論理である。既に説明したように、信頼性係数は0・80以上が必要である。この値に満たない心理テストは捨てないといけない。いくら努力しても妥当性は高くならない。弾道が不安定な拳銃でターゲットを狙うのは、人生の無駄である。

信頼性係数はどれくらいか

内田クレペリン検査は商業的成功を収めたが、定型と非定型の判定方法には主観的な要素が多い。〝激しい動揺〟があった場合、非定型と判定されるが、どの程度が〝激しい動揺〟なのか、はっきりした基準はない。ある一定の大きさの動揺でも、作業水準が低い時は動揺が小さいのが普通なので、割り増しして解釈しないといけない。また、作業水準が高い場合は動揺が大きいのが普通なので、今度は割り引いて解釈しないといけない。結局、定型と非定型の判定は主観的な判断に頼るほかない。

これを憂えた柏木[14]は曲線の変動量を客観的に計算しようとした。まず、1万人データの平均作業曲線を期待される作業量と考えよう。ある個人の1回目の作業量と1万人の1回目の平均作業量の差を考えた。差はプラスでもマイナスでも良いので、符号を消すためにこれを二乗して考える。変動量は作業水準で割り増したり割り引いて解釈しないといけない。それで、この値を1万人の1回目の作業水準で割った。これが1回目の変動量である。内田クレペリン検査では一桁の足し算を30回（15分＝回＝ずつの加算を2回）する。それで30回分の変動量を足し合わせれば良い。これが新たな指標としようとしたPf値[15]である。

柏木の研究によると、

- 作業量の信頼性係数は0・96と非常に高い。
- 誤答の信頼性係数も0・88とかなり高い。
- 変動量Pf値の信頼性係数は0・45とかなり低い。

という結果であった。作業量と誤答については、十分な信頼性係数である。ところが、変動量の信頼性係数はかなり低い。とても使い物になる水準ではない。

また、生和[16]は中学生100名で毎日～3日間おきで6回、大学生60名で1カ月おき3回、看護学生１００名で1年おきに3回、内田クレペリン検査を繰り返して実施した。生和は誤答の分析をしていないが、大事なところを引用しておこう。

- 作業量の信頼性係数は０・８４から０・８９の間で、どのグループでも非常に高かった。
- 変動量Ｐｆ値の信頼性係数は０・２７から０・４１の間でかなり低い。
- １回目の検査では定型が半数であるが、検査を反復すると、定型の出現率が顕著に低下する。大学生、看護学生群は半減し、中学生群では６回目に12％にもなった。

柏木と生和の研究をまとめると、作業量と誤答は信頼性係数が高く、心理テストとして使える水準である。しかし、変動量の信頼性係数は低く、０・３から０・４程度と推定される。使い物になる水準ではない。

＊14：柏木繁男「内田クレペリン検査の信頼性と妥当性の客観的手法による検討」心理学研究、１９６２、33、93―95。

＊15：基準集団を用いて作業母曲線を決定し、個人 i の j 行目の作業母曲線を $\hat{y}_{ji}$、個人 i の j 行目の作業量を y_{ji} とすると、作業母曲線からのずれの測度 Pfi は、$Pfi = \sum_{j=1}^{30} \frac{(y_{ji}-\hat{y}_{ji})^2}{\hat{y}_{ji}}$ で定義される。

＊16：生和秀敏「内田・クレペリン精神作業曲線の検査反復にともなう変化について」心理学研究、１９７１、42、１５２―１６４。

不安定な定型パタン

生和の研究を詳しく見てみよう。中学生１００名のうち、１回目の定型パタンは55名と半数だったが、反復実施すると45名、37名、20名、14名、12名と減少してしまった。１回目も６回目も定型という人はたったの11名にすぎない。大学生60名でも、定型パタンは28名、22名、20名と減少し、１回目と３回目が共に定型の人はたったの11名である。看護学生１００名でも定型は45名、36名、23名と減少し、１回目と３回目が定型の人は13名にすぎない。

定型パタンを示す人は最初は半分くらいである。しかし、パタンの安定性が乏しく、検査を繰り返して受けると、定型パタンがどんどん減っていく。一貫して定型パタンを示す人は１割から２割である。定型が正常者とすれば、最初は正常者が半分くらいでも、内田クレペリン検査を何度も受けると、どんどん正常者がいなくなり、最終的には１割から２割になってしまう。どこか、おかしいのではないか。たぶん、練習すると作業量が上昇する。すると、変動量も大きくなり、準定型や非定型と判定されてしまう。真面目に練習すると馬鹿をみる検査である。

定型パタンは何を意味するか

本当に定型パタンを示せば正常者なのだろうか。否定的なデータがマニュアル[*17]に載っている。大学生と専門学校生１７２名に内田クレペリン検査と東大式性格検査ＴＰＩという質問紙法を同時に実施し、定型パタンと非定型パタンの人の比較をしたものである。

●定型パタンの人は、自己防衛的な受検態度を示し、妄想傾向とうぬぼれの強い傾向がある。平凡で同調的で、社会的慣習に従う。

●非定型パタンの人は、自分の欠点を誇示する、風変わりな受検態度を示し、思考と行動が分離する傾向、活動過多の傾向があり、抑うつ傾向、心気症的傾向も見られる。

つまり、定型パタンも非定型パタンも平均的な正常者ではない。定型パタンを示せば正常者であるとは言えないし、非定型パタンを示せば異常者であるとも言えない。変動量の信頼性係数が低いので、どんな人でも定型になったり、非定型になったりする。ただ、それだけのことである。

作業量と誤答の意味

作業量の信頼性係数は0・9程度はあり、安定した指標である。それでは、この指標は何を意味するか。簡単である。算数の足し算能力を示している。足し算がたくさんできる人は一般的に

＊17：日本・精神技術研究所「内田クレペリン精神検査・基礎テキスト」（株）日本・精神技術研究所、1996年、P. 73。

知能も高いだろう。これはマニュアルでも確認されている。

中学生88名に内田クレペリン検査と知能検査を同時に実施して相関を求めると、0・7であった。それ故、内田クレペリン検査の作業量を簡易知能検査として使用することは可能である。ただ、0・7であるから、予測力は二乗して0・49、つまり49％である。知能の正確な推定値は求められない。それに、今時、一桁の足し算能力が必要な職場があるだろうか。

一方、誤答の意味はよくわからない。一桁の足し算を間違えるのは正常ではないと考えるのが常識だが、誤答数と他の信頼できる指標との相関を調べた研究がないからだ。誤答分析は手作業ですべての回答を確認する必要があり、面倒なので誰もやらない。マニュアルには、異常な興奮状態、不適切な行動、わがまま、……とかなり勝手な解釈が列挙されているが、根拠は何もない。したがって解釈は控えた方がよい。

性格表現用語との関係

前章でも触れたように、最近では基本的な性格の次元は、外向性、協調性、勤勉性（良識性）、情緒安定性、知性の五つであるという**ビッグ・ファイブ仮説**が広く認められるようになった。[*18] このビッグ・ファイブ関係の形容詞と内田クレペリン検査との相関を求めたのが、柏木と山田の研究である。被験者は370名であった。相関が0・20以上の形容詞を挙げてみよう。

●作業量では「頭の回転の早い」（0・21）、「気まぐれな」（－0・24）であった。
●変動量Pf値では「話し好きな」（0・21）、「勤勉な」（－0・20）、「気まぐれな」（0・20）であった。

作業量は知能と関係がある。「頭の回転の早い」と自己評価する人は作業量が多く、「気まぐれな」と自己評価する人は作業量が少ないのは納得できる。しかし、相関係数の値が小さ過ぎる。0・20とすると予測力はたったの4％である。

変動量と相関を持つ言葉に「話し好きな」がある。これは外向性性格を記述する言葉である。もしかすると、アイゼンク理論が当てはまる証拠かもしれない。

「勤勉な」人は変動が少なく、「気まぐれな」人は変動が多いというのも一応は納得できる。これは勤勉性（良識性）因子の言葉である。しかし、予測力は4％である。

情緒安定性因子の言葉では「不安になりやすい」（0・15）、「情緒的に安定した」（－0・15）があるが、あまりにも相関が少ない。予測力はたったの2％である。作業曲線の変動が情緒不安定の証拠であるような解釈は間違っている。

＊18：柏木繁男・山田耕嗣「性格特性5因子モデル（FFM）による内田クレペリンテストの評価について」心理学研究、1995、66、24—32。

柏木らは相関が0・10以上の形容詞を挙げているが、統計的な有意水準にも達していない。ここまで拡大解釈するのは間違いである。

この研究の大きな欠点は5因子モデルとの関係を調べると言いながら、個別の形容詞との関係を調べただけである点だ。その値も0・20前後にとどまっている。性格特性とは、さまざまな行動特徴を集めたものであると先にも述べた。個別の言葉との関係を取り上げるのではなく、外向性なら外向性に関する言葉の集合を取り上げないといけない。もちろん、そうすると、何の関係も出ないのである。だから、個別の言葉を取り上げたという訳だ。これでは、血液型人間学の支持者たちの研究に近い。

古い言い回しを思い出した。針小棒大である。広辞苑を引いてみると「針ほどの小さいものを棒ほどの大きさに言う意」とある。柏木は昔、旧国鉄の労働科学研究所にいて内田クレペリン検査を大量に実施していた。後に千葉大学に移り、現在、城西国際大学で教鞭を執っているが、内田クレペリンとの関わりは深い。共著者の山田は日本・精神技術研究所に所属している。

現在、柏木は日本・精神技術研究所と袂を分かって、インターネットのウェブ上とマークカードで実施できるクレペリン検査を開発し、FFM研究所[*19]から商用配布している。占いよりは当たるかもしれない。しかし、とても人に勧める気にはなれない。

総括すれば〝古代の遺物〟

１００年前、骨相学が大流行した。精密な測定用具も工夫された。骨相学は当時の自然科学の時代にふさわしく、客観的な学問であった。しかし、骨の形は環境で大きく変化するし、性格特性との対応付けは恣意的で、まったく根拠のない解釈が流行した。

内田クレペリン検査も加算作業という客観的なデータを基に適性や性格を診断するというのがウリである。加算作業自体は客観的であるが、変動量は不安定で、状況次第で大きく変化する。解釈法を支持する証拠もほとんどない。日本独自の心理テストであるが、世界に誇れる内容とはとても思えない。

まとめてみよう。

●作業量は知能検査と０・７の相関があり、簡易知能検査としては使える。
●変動量は情緒安定性より外向性と関係する。ただし、信頼性係数は０・３から０・４程度で、心理テストとして使える水準ではない。
●定型パタンを示す人は半数以下である。内田クレペリン検査の練習をすると非定型と判定

＊19：http://www.ffmrl.com/3/

される確率が増える。

● 定型パタンが正常者、非定型パタンが異常者という証拠はない。

内田クレペリン検査が適性検査として有用に見えるのは、作業量が極端に低い人を不適格者として排除できるからである。定型パタンや非定型パタンの指標は不安定なので、妥当性の高い解釈はできない。できないのに、無理に性格を解釈する点が問題である。お茶の葉で今日の運命を占うようなものである。

内田クレペリン検査は、半世紀にわたる恥ずべき逸話だった。そろそろ、このような古代の遺物に別れを告げた方がいいだろう。

第6章

エピローグ

仕事の能力は測れるか

「すみません。少し相談があるんですが」と真面目な顔をした女子学生が現れた。実は、大学でセクハラ委員もやっている。〝相談〟となると大変だ。ともかく話を聞かないといけない。招き入れてソファに座らせた。

「ええっと、なんだか、見覚えがあるな。教養教育の受講生だったかな」

「いいえ、先生の教育心理を受けました。実は速読の講座を受けようと思うんですけど、先生はよくご存知だと思いまして、相談に来ました」

「なあんだ……」とセクハラの相談でなかったので胸をなで下ろす。

「専門家じゃないが、英語の場合はパラグラフの最初の部分に基本的な主張がある。だからパラグラフの最初だけ読んでいけば、一応はわかる。たぶん、そんなテクニックだろう」と答えた。

「しかし、速く読んでどうするのかな。人間というのは知っていることは読み飛ばせるが、知らないことは読み飛ばせない。賢くなるためには、わからない本を読まないといけない。わからない本はゆっくり読まないといけない。となると、賢くなるためには、速読の出番はないな。単に目を通したというだけの話になる。まあ、速く本が読めるに越したことはないが、問題は本を読んで何が残るかということだ。本を読んで自分のものにしたいと思ったら、じっくり、ゆっくり読まないといけない。時間をかけた分だけ理解も深まるはずだよ。記憶も時間の関数だったよね。理解も時間の関数だと思うね」

「ああ、そうなんですか。じゃあ、どうして速読の講座をやってるんでしょうか」

「たぶん、金もうけの手段だよ。能力開発という触れ込みだろう。能力も、何のための能力か、考えないといけない。純粋な〝能力〟なんてないよ。何をするかが問題で、目的のない、単なる能力なんて意味ないよ」

まだ半信半疑のようだな……。

「例えば、知能が高いといえば、格好いいが、授業で教えたように、知能テストは小学校から中学校程度までの問題集のようなものだったよね。だから知能が高いと威張ってもしようがないよ。問題集が速くできるというそれだけのことだからね。実社会では、どれだけの仕事ができるかが大事だよ。車に例えると、知能はエンジン性能だよ。最高速度のようなものかな。どれだけ仕事ができるか、というのは仕事量で、車なら走行距離だな。車で考えると、走行距離は速度×時間だから、エンジン性能が良くなくても長時間かければ、かなりの走行距離になる。言い換えると、頭がそこそこでも時間さえかければ、頭の良い人以上の仕事ができるという訳だ」

少しは納得したかな。

「リクルートのＳＰＩの半分は学力検査問題で、高得点の人は、当然、中学校、高校の成績が良いだろうが、会社に入って何ができるかはわからないな。ＳＰＩの高得点者が会社に入るとスゴイ仕事ができるということがあればいいんだが、ほとんど証拠はないな」

「ええっ。そうなんですか」

「そうなんだよな。専門的には妥当性研究をしないといけない。さすが、リクルートは研究はしているようだが、はっきりした証拠はないな。ものすごーく低い関連性くらいならあると思うが。そんなもの、公表できないよな。以前は性格検査の部分はマイヤーズ・ブリッグス・タイプ・インディケーター、略してＭＢＴＩだったんだが、今は版権の関係で違うものらしいけど。ＭＢＴＩは昔アメリカでよく使われていたが、最近はみんな5因子関係の質問紙に転換してしまったよ。そう言えば、最近は人事の方で**コンピテンシー**という言葉も聞くな」

「何ですか。それ」

「翻訳すると〝能力〟なんだよ。売り物にするためにカタカナにしたのかな。オレが初めてこの言葉を知ったのは20～30年くらい前だな。発達心理学の論文にあったよ。たぶん、流れ流れてやっと人事関係のコンサルテーション会社に入ってきたと言う訳だ」

たまたま手元にあった、そうした会社のパンフレットのひとつを示してやる。

「これはＡ８という適性検査のパンフなんだが、中身はよくわからないな。プロフェッショナル度、柔軟性、行動再現性、市場価値、投資価値、アカウンタビリティ、安定性、論理性が測れるというのがウリなんだ。どんな問題かわからんが、たぶん、自己記入式の質問紙のようだね。コンピテンシーの総合指数も計算できるから、低いと足きりされてしまうな。しかし、心理検査なら、信頼性と妥当性の根拠を必ずマニュアルなり、解説書に書くんだが、人材会社の適性検査なんかは、商売目的だから、根拠は何一つ書いてないんだよ。つまり、プロフェッショナル度で高得点の人が即戦力を発揮できる人という証拠があれば、オレだって素晴らしいと思ってあげるんだがね。残念ながら、コンピテンシー高得点の人が入社してからバリバリ仕事ができるという証拠もないな」

「じゃあ、なんで、そんな適性検査を入社試験に使っているんですか」

「さあ、聞いてみないとわからんが、たぶん会社がお金持ちなんだろう。一人4000円だから、ものすごいお金だね。オレの5因子性格検査なんか500円なんだけどね。それと、やっぱり人事部が馬鹿だからだと思うな。根拠もない適性検査を他の会社がやっているから、自分の会社でもやろうというのはどう考えてもおかしい。やっぱり自分の会社にどんな人材が必要かは、自分で研究しないといけない」

「でも、研究は難しいんじゃないですか」

「いや、簡単だよ。SPIやA8の予測が本当に正しいかは、追跡調査をすれば簡単にわかるよ。面接、SPI、A8などの点数を2、3年保存して、勤務成績なり営業成績と突き合わせればいいだけの話だ。この程度のことがわからないなら人事部は馬鹿だろう。知っていてやらないのなら人事部は怠慢だろう。どっちみち、そんな人事部なら要らないな。また、逆に、会社内部で成績優秀者を選抜して、普通以下の成績の人と比較する方法もあるな。つまり、両方のグループに、SPIやA8を実施して、どの検査問題で差が出るかを調べればいいんだ。差の出た検査問題を集めて適性検査を作ると、妥当性の高い適性検査ができるんだ。しかし、SPIやA8はそんな作り方はしていないだろうな。だから予測力は期待できないよ」

「先生、作ってくださいよ」

「いや、開発には企業の協力が必要だ。それに、今は時間が無くてね。血液型人間学とか、ロールシャッハとか、YGとか、内田クレペリンとか、世の中に害毒を流している理論や心理テストの啓蒙書を書くのに忙しくて。悪いが、君との話もこれくらいで勘弁してくれないかな。ページも尽きてしまったし……」

■著者略歴

村上宣寛（むらかみ・よしひろ）

富山大学教育学部教授。1976年京都大学大学院修了。わが国唯一といっていい包括的な心理テストの教科書「臨床心理アセスメントハンドブック」の著者。認知心理学、統計分析、性格測定に関するプログラム開発等が専門。その他の著作に「主要5因子性格検査ハンドブック」「コンピュータ心理診断法」「ロールシャッハ・テスト」等がある。

「心理テスト」はウソでした。

発行日　二〇〇五年四月 四 日　初版一刷発行
二〇〇五年五月一一日　初版三刷発行

著　者　村上宣寛
発行者　斎野 亨
発　行　日経ＢＰ社
発　売　日経ＢＰ出版センター
郵便番号　一〇二−八六二二
東京都千代田区平河町二−七−六
電話　〇三−三二二一−四六四〇（編集）
〇三−三二三八−七二〇〇（販売）
http://store.nikkeibp.co.jp/

装丁　木継則幸（インフォバーン）
本文デザイン　内田隆史
印刷・製本　中央精版印刷株式会社

ISBN 4-8222-4446-6